颐和园藏文物大系

罗哲文敬题

颐和园藏文物大系

Compendium of the Cultural Relics in the Collection of the Summer Palace

玉器卷 I

北京市颐和园管理处　◎编

文物出版社

图书在版编目（ＣＩＰ）数据

颐和园藏文物大系．玉器卷1 / 北京市颐和园管理处编．
－－ 北京 ：文物出版社，2018.6
ISBN 978－7－5010－5602－6

Ⅰ．①颐… Ⅱ．①北… Ⅲ．①颐和园－古玉器－介绍
Ⅳ．①K872.1②K876.8

中国版本图书馆CIP数据核字(2018)第110830号

颐和园藏文物大系·玉器卷Ⅰ

编　　者	北京市颐和园管理处
扉页题字	苏士澍
责任编辑	徐　旸　冯冬梅
文物摄影	宋　朝
顾　　问	于炳文
责任校对	安艳娇　陈　婧
封面设计	程星涛
责任印制	陈　杰
出版发行	文物出版社
社　　址	北京市东直门内北小街2号楼
网　　址	http://www.wenwu.com
邮　　箱	web@wenwu.com
制版印刷	北京图文天地制版印刷有限公司
经　　销	新华书店
开　　本	635×965mm　1/8
印　　张	29
版　　次	2018年6月第1版
印　　次	2018年6月第1次印刷
书　　号	ISBN 978－7－5010－5602－6
定　　价	480.00元

目　录

凡　例

◆　一、《颐和园藏文物大系》（以下简称《大系》）是一套以文物图片为主体,系统展示颐和园藏文物的图书,其中著录文物藏品的名称、时代、尺寸、纹饰、造型等基本要素,其他不做考释。

◆　二、《大系》按类别分卷。分卷以文物藏品质地、功能、用途或艺术品种为依据,每卷原则上按历史时序排列。每卷首册设目录、凡例、总序、专文、图版,其余各册只设图版目录、图版。

◆　三、《大系》选取颐和园各类别中最具代表性的文物藏品,全面系统地反映颐和园作为清代皇家园林丰富的文物收藏,体现出清代皇家园林文物藏品的特点,同时体现出文物藏品的历史价值、艺术价值和科学价值。

◆　四、颐和园文物藏品主要为清代皇家园林旧藏,少部分为 1914 年颐和园对外开放以后历史遗存和 1949 年以后调拨、征集和社会各界捐赠的文物藏品。

◆　五、颐和园旧藏文物藏品主要来源于清漪园遗存、颐和园陈设、其他宫苑调拨、王公大臣为慈禧进贡寿礼、外国使节礼品等。

◆　六、藏品定名以质地、纹样、器形三要素为主,个别名称参照业界通用名称。

◆　七、中国文物的时代采用传统朝代纪年方法,外国文物使用公元纪年方法。

◆　八、度量衡和数据均采用中华人民共和国法定单位书写。

总　序

秦　雷

　　颐和园的前身是始建于清乾隆十五年（1750 年）的清漪园，是目前中国保存最为完整的皇家园林，它处在三山五园（圆明园、畅春园、香山静宜园、玉泉山静明园、万寿山清漪园）区域的核心位置，乾隆皇帝称誉其为"何处燕山最畅情，无双风月属昆明"，是整个京西皇家园林的中心主景和历代皇家园林建设的压卷之作。咸丰十年（1860 年）清漪园与圆明园等一起被英法联军焚毁，光绪时期修复改称颐和园后，地位更加重要，成为清代与紫禁城并列的政治、外交中心。

　　多年来，或许是颐和园皇家园林山水建筑景观太过于美轮美奂，令人目眩神迷，颐和园藏文物的光彩受到些许掩盖。作为皇家园林的颐和园，园藏文物是其核心价值之一。有清一代，园中文物称为"陈设"，摆放在殿堂内外。颐和园的陈设，包括清宫"陈设档"内所列之佛像、书画、古玩、钟表、家具、铺垫、帐幔、日常用品以及各种露天铜器、湖石、石雕等物。与建筑、园林相互依存的陈设琳琅满目，精美绝伦。由于不同年代的国势强弱不同，各殿宇建筑风格与功能有别，及历代帝后喜好差异，清漪园与颐和园两个时期"陈设"的内容、布置及管理方法也有所不同。与园林的沧桑命运相伴，园藏文物也阅尽世变。颐和园文物的变化也反映了近代中国的国势兴衰与宫廷文化的嬗变。

　　清朝灭亡后，颐和园中的"陈设"作为文物一直被妥加保护，除去因为时代变迁稍有损益外，整体传承有序，保存完整。目前，颐和园园藏文物计有近四万件，时间上自商周、下至晚清，是中国三千多年的文明历史的经典遗存；品类涵盖铜器、玉器、瓷器、木器、漆器、书画、古籍、珐琅、钟表、竹器、乐器、根雕、杂项等，几乎囊括了中国传世文物的所有门类，其中不乏独特罕有的珍品。从整体上看，颐和园藏文物，是中国皇权时代最后一处大规模、系统性、高等级的宫廷文物聚落，在中国文化史、宫廷史、园林史上都有重要的历史、艺术和科学价值。

　　近年来，颐和园对园藏文物的保护力度持续加大。2000 年，颐和园建成开放的文昌院作为集文物现代化保管与展示为一体的博物馆以来，园藏文物管理机制日益健全和成熟。通过举办主题展览和交流展览，颐和园园藏文物日益为海内外游客观众所知晓；通过展览交流的推动，文物研究、文物修复和保管专业队伍也日益得到锻炼和提升，管理和学术成果不断涌现，已经成为颐和园文化遗产保护利用和可持续的核心资源。

一、颐和园文物藏品之沿革

1. 清漪园时期

清漪园时期的陈设，盛于乾隆、嘉庆，衰于道光，毁于咸丰，荒于同治。乾隆时期，清王朝国势鼎盛，国库充裕。乾隆帝又精于鉴赏，对文玩多有搜罗，商周之铜器、唐宋元明之瓷玉及书画搜括不少。清宫内又设造办处，专为皇家制作各类精致用品，因此清漪园中的陈设多为专门制作。乾隆皇帝还自己提出“钦定”样式，集天下能工巧匠，命人监工制作。作为乾隆皇帝最钟爱的皇家园林，清漪园中的陈设文物集中了皇家历年的珍贵收藏，是园林历史上文物数量最多、品质最精的时期，当时记录在册的“陈设”多达四万余件，清廷内务府专门设立《陈设清册》，建档管理。由于乾隆等诸皇帝不在园中居住，所以清漪园陈设文物的特点是以鉴赏、把玩为主，使用为辅，注重文物陈设的品质。陈设的形式、内容与建筑的形式和使用功能相配套。各类陈设的设计，甚至每件文物的定位都要经过皇帝严格审批。这在清宫档案中有明确的记载："乾隆十五年三月二十七日，谕令造办处首领孙祥为万寿山做大五更钟一座，先画样呈览。""四月八日，孙祥将画得五更钟并时刻钟纸样呈览。"但乾隆帝并不十分满意，遂下旨做了更具体的指示，令其照延爽楼的钟式样铸造，同时下旨将现有一件做时钟用，再铸一件用作刻钟。"十二月初五日，孙祥将新画更钟并刻钟纸样呈览"，乾隆帝始批准交铸炉处照样铸造。

乾隆创设，嘉庆守成，嘉庆时期清漪园的陈设基本延续着乾隆时期的面貌。在中国第一历史档案馆珍藏的清漪园陈设册中，园中陈设是按每一组或一幢建筑列为一本陈设册。册中对殿堂中文物的名称及陈放位置记录详尽，从中可以判断出各座建筑的主要功能用途，是研究清漪园时期文物陈设的重要史料。如嘉庆十二年（1807年）《玉澜堂等处陈设清册》记载：

勤政殿明间面东设红金漆闹龙照背宝座地平一分，宝座两边安鸾翎宫扇一对，紫檀杆座。地平上铺蓝边红猩猩毡一块，纳绒花毯一块，黄绢里。宝座上铺红白毡各一块，红猩猩毡一条，黄妆缎坐褥一件，上设紫檀嵌三块玉如意一柄，香色填漆有盖痰盆一件，棕竹边股黑面扇一柄。随地平前夹踏跺安红漆高足香几二对，上设康熙嵌铜掐丝珐琅辅耳象足鼎四件。宝座上面并明柱上挂御笔字锦边黄绢心匾对一分。两梢间安红心白毡垫二十六块。楠木书格八座，内设：《钦定古今图书集成》一部三十二典五百七十六套五千二十本。格顶上设：《文苑英华》十六套、《切问斋集》全函一套、《思绮堂四六文集》全函一套、《唐书》全函一套、《海峰文集》全函一套、《仪礼郑注》一套、《法传全录》二套、《纪事本末》二套、《冯宗伯集》三套、《庾子山集》二套。左格前设：凉车一辆。右格前设：炮车一辆。外檐前后门上挂：毡竹帘各五架。殿前两边安：乾隆年制有盖三足铜鼎炉四件。

以上例子便可见清漪园时期园内殿堂陈设之丰富，在布置上的儒雅精致，宫廷特点突出，同时也符合殿宇所具备的使用需要。清漪园的管理机构内务府对陈设每五年重新彻查造册一次，对比不同时期的陈设册可以看出，陈设后期失修、虫蛀的现象渐趋普遍，从中已可窥见大清王朝的暮气氤氲。

道光二十年（1840年）鸦片战争后，由于清朝国力转衰，道光帝以节俭著称，清漪园"陈设"不断裁撤。至咸丰五年（1855年）记录实有陈设三万七千余件。咸丰十年（1860年），清漪园遭英法联军劫掠焚毁，陈设大部分被抢遗失。内务府对劫后殿堂进行清查，整个清漪园只立两本清册，即《清漪园山前山后南湖河道功德寺等处陈设清册》和《清漪园山前山后南湖功德寺等处破坏不全陈设清册》。以乐寿堂为例，与咸丰九年（1859年）《乐寿堂陈设清册》相比，原有的几千件陈设，只剩下一个铜炉和一个残破的盘子。同治四年（1865年），又查劫后尚存陈设4735件，其中铜胎、画像等佛像4453件，还有其他遭破坏不齐的陈设530件。光绪初年，在清漪园易名之前，查得园内陈设有4618件，其中包括铜器、玉器、竹木雕、漆器等。

2. 颐和园时期

光绪十二年（1886年），清廷开始重建清漪园，两年后清漪园更名颐和园。虽然当时清王朝国势衰败，但颐和园作为慈禧太后"颐养冲和"的重要居所，生活用品、日常陈设之物不免还要有所补充，除少部分由造办处制作，其他多为东挪西凑、各处采办，充颐和园陈设使用。此后，经过其他宫苑调拨、万寿庆典制作、庆寿献礼等多种方式将各式陈设汇集到颐和园，加之清漪园的遗存，颐和园的陈设又丰富起来。颐和园陈设来源具体情况如下：

（1）宫苑调拨

颐和园时期由于园林的性质从乾隆时期的仅供游娱变为慈禧的长期居住并理政，园内陈设随着建筑形式及功能的转变，减少了佛像，而增加了大量生活用品，特别是晚清的工艺品。由于重建资金紧张，不能像清漪园时期那样量体裁衣，按所需置办陈设，而是在沿用清漪园旧物的基础上，运用各种途径调集陈设，补充陈设的不足。据清宫档案中记载：

光绪十四年（1888年）正月初五日李总管传懿旨：所有南海各殿内原有铺设旧铺垫，均改移洋楼内收存妥协，并造具清册，以备昆明湖应用。八月十一日懿旨：将五百六十件圆明园木器交由海军衙门照旧式修补见新，修理齐整后分别摆放于颐和园各殿内。

光绪十七年（1891年）正月二十二日奉懿旨：将倚虹堂殿内西间金漆边座紫石天然插屏一对运至颐和园乐寿堂安设。二月二十四日刘总管传旨：倚虹堂殿内青碌兽面果洗一件，送至颐和园乐寿堂安设。

从其他皇家宫苑调配符合颐和园皇家园林身份和特点的陈设器物，有助于当时迅速还原颐和园原本的皇家宫廷陈设标准。

（2）万寿庆典制作

光绪二十年（1894年），是慈禧的六十大寿，准备在颐和园举办庆典，从光绪十九年（1893年）三月开始造办陈设，由总管内务府大臣恭备庆典用。德和园布置所需台帘、门帐、寿山、木器、桌椅板凳套；仁寿殿、排云殿乐器、补服衣、大鼓等，均由内务府大臣交给工程处办理。除上述物品外，还有各种图案各式釉彩的瓷餐具、苏州织造的漆食盒、茶膳房特为宴会置办的各种桌张、锅灶、炊具、金银器皿等。

（3）慈禧寿礼

慈禧六十岁、六十三岁、六十五岁万寿庆典，收受了王公大臣们贡献的大量祝寿礼品，它们被陈放在颐和园各座殿堂内，成为重建颐和园后的主要陈设物品。在中国第一历史档案馆藏"慈禧万寿档案"中的《六旬庆典进贡盆景各种钟账》《六旬庆典进贡宝座、围屏、插屏》《六十晋五庆典贡品清单》中对慈禧过生日收存在颐和园的珍宝均有记录。光绪二十八年（1902年）重修颐和园完工后，慈禧重新布置了园中陈设，王公大臣利用慈禧的寿辰争相报效物品，多为古铜、瓷、玉等珍品，太监多贡钟表，出使外国大臣则献西洋制钟表、千里眼等。光绪三十年（1904年）是慈禧七旬寿庆，王公大臣所进贡礼品多达几万件，慈禧拣合意之物留陈颐和园中的有886件。光绪三十一年（1905年）慈禧七十一岁寿庆，王公大臣进献诸多贡品。此时期文物陈设的来源广、种类丰、数量多、质量精，比清漪园时期的陈设亦不逊色。

3. 民国时期

1912年，清宣统帝宣布退位，颐和园仍然作为清皇室的私产。1916年，清室内务府对颐和园陈设进行过一次清点，除原有在册的陈设外，新立了《颐和园现存新瓷玻璃器灯只清册》，内载陈设物品1387件。同时对清册列出名单但查无实物的文物，设立《颐和园浮存陈设清册》，内载仁寿殿、颐乐殿、乐农轩、涵远堂、乐寿堂、排云殿、石丈亭、听鹂馆浮存各式陈设（不包括家具）共计466件。1921年11月29日，溥仪命内务府大臣绍英查核颐和园陈设。此为清室最后一次陈设清查。此时期，颐和园作为逊清皇室的私产，文物陈设仅维持原状，未有置办陈设的记载。

1928年7月1日，民国政府内政部接收颐和园。此次接收，对封存在各殿堂的珍贵文物未有点收，仅接收了各殿宇的钥匙。当年由于政局迭变，自 1928 年 7 月至 1931 年 11 月更换九任所长，而园内陈设物品除 1930 年选提陈列者有明晰清册外，并未对所有陈设物品作过全面清查，在频繁的交接中，更无法全面清点。因此所长陈继青采取的由原保管人员出具甘结仍由原人保管的办法，后来历任所长交接时，一直沿用，始终未有包括全部陈设之清册。1933 年中国因"九一八"事变进入军事时期，经北平市政府批准，颐和园将陈设装箱 40 只南运。此后，1936 年、1942 年、1946 年、1947 年、1948 年历任所长交接时，均循例选具《颐和园图书古玩清册》存查。

4. 新中国成立以后

新中国成立后，颐和园的文物藏品管理愈加规范和受到重视。分别于 1950 年、1970 年、1973 ~ 1974 年进行了文物的清点鉴定工作，20 世纪 70 年代的清查鉴定是入民国以来最全面的一次，共清点鉴定各类文物 14169 件、硬木家具 357 件、图书 269 部，数量为 1930 年清查 1342 件、图书 243 部的 10 倍。1976 年、1980 年，王世襄、夏更起等专家又来园鉴定了硬木家具、珐琅、杂项等器。

二、颐和园文物藏品之类别

从 2014 年至 2016 年，按照国务院开展第一次全国可移动文物普查工作通知的要求，颐和园利用三年时间对全园可移动文物进行了彻底清点、核查、定级、建档，以逐步实现规范化、制度化、科学化的分类管理保藏机制。经查颐和园目前正式藏品数量 37952 件。其中，正式藏品中，玉器 619 件、杂项 748 件、珐琅器 168 件、钟表 111 件、洋瓷玻璃器 667 件、金银器 297 件、青铜器 726 件、内檐匾额 144 件、隔扇心 259 件、春条 54 件、福寿方 22 件、琴条 37 件、书画 (包含舆图)504 件、丝织品 1067 件、贴落 646 件、古籍 21338 件、瓷器 9100 件、家具 1445 件。2016 年，经过文物普查清点整理文物，对文物级别进行重新确定，级别情况如下：一级文物共计 125 件（包括家具 32 件）；二级文物 573 件 / 套，共计 1334 件（包括 20 套书 ,781 册）；三级文物 9204 件 / 套 , 共计 25037 件（包括 27 套书 ,15860 册）；四级古籍 218 套（ 4675 册 ）；一般文物 6773 件 / 套 , 共计 6781 件（包括 14 套书，22 册）。

颐和园园藏玉器共 1600 多件，以乾隆时期玉器为代表，取材多为纯洁莹润的白玉、青玉等，在历代玉器中是无与伦比的；在工艺上，乾隆时期玉器集古技之大成，典型的如玉山子、玉插屏、玉笔筒等作品上绘刻的山水、人物图景，宛如立体的图画，为后世所难以企及。乾隆对玉的嗜好体现在其大量的"咏玉诗"上，每当观赏到一件玉器佳作，兴之所至便会赋诗一首，甚至镌刻在器物上。颐和园藏"碧玉填金刻御制诗插屏"就是乾隆时期的一件精美作品，用罕见的大块碧玉制作，其材质和雕工均为上乘，一面琢刻隶书乾隆御制诗"**东郭还西墅，山家接水邨，春朝庆老幼，丰岁足鸡豚**"（部分）；另一面阴刻雕琢出房屋村舍、人物等田野农庄图案与御制诗相应。诗文字口和图案线条之内填涂金粉，使诗文、图案更为清晰鲜明，跃然而出，作品反映乾隆朝治世之下国泰民安、连年丰收之象。

颐和园杂项文物包括字画、织绣、珐琅、翡翠、金银器、竹木牙角器、钟表、铺垫和玻璃器皿等。其中，清乾隆年制长达 7.07、宽 4.14 米的缂丝三世佛像、铜珐琅提梁卣、红珊瑚如意、蓝底百子图缂丝石榴式插屏、铜画珐琅六角座钟、风雨晴阴铜柱珐琅双连二方钟等，皆为乾隆文物的精品。其中的缂丝佛像尺幅巨大，极为罕见，图案"通经断纬"织制而成，工时耗费可见一斑；缂丝画面四周饰回纹边，图案上部饰华盖、祥云、飞天、日月；中间饰三尊佛像、阿难、迦叶；下部左右分饰十八罗汉、四大天王及祥云。这幅缂丝制品曾在仁寿殿展出，纵使殿内山墙高大，也未能全部展开。

颐和园收藏的青铜器为清宫旧藏，旧时曾为园内殿堂、露天陈设之器，其中不乏精品，如商代饕餮纹三牺尊，经查《西清续鉴》甲编卷五之尊三十六著录有"周饕餮尊"，与此器相同（由于清代学者对青铜器的研究与现在认识不同，故时定为周代），后参照其二者的图谱和尺寸均吻合无误，可以证明颐和园藏的此件青铜器为《西清古鉴》著录之器，是宫廷旧藏的精品，至少乾隆年间便珍藏于皇家宫苑之中。另据档案资料记录，颐和园藏的这尊饕餮纹三牺尊在庆典之时曾常陈设于排云殿内露陈石座之上。

颐和园园藏古籍达两万余册，其中鉴定入国家二级文物保护级别的有 16800 余册。其中清乾隆时期的古籍占有一定比重，包括乾隆殿版《皇清开国方略》、乾隆殿版《西清古鉴》、乾隆殿版《皇朝礼器图式》、乾隆《御制石经》《御制论史古文》等。值得一提的是，颐和园还藏有《大清高宗纯皇帝圣训》。此套圣训是乾隆皇帝诏令谕旨及其箴言的语录，是研究乾隆一朝政治、经济、文化、典章制度等的史料。圣训函套以黄绫装裱，题签及目次贴黄锦并加以墨书，全书自圣德始，记录了乾隆皇帝六十余年政治生活的方方面面，敬天法祖，笃孝崇仁，河工盐政，农桑吏治，文治武功，拓土开疆等等不一而足，详细反映了乾隆时期皇帝本人治国思想及事功。

颐和园藏瓷器总数达 9000 多件，经鉴定入国家文物保护一、二、三级的有近 7000 件。颐和园藏瓷器时间跨度从元代到清代，品类有青花、粉彩、斗彩、五彩、素三彩、颜色釉等，造型有瓶、尊、罐、缸、花盆、盘、碗等。数量上以清代瓷器为最多，器物烧造精致，由清朝内务府造办处在全国挑选最好的工匠，根据皇家生活所需制造。其中尤以乾隆时代的瓷器烧造最为精彩。元明瓷器中也不乏精品，其中有闻名中外的元代蓝釉白龙纹梅瓶，传世仅存 3 件；明代的永乐青花瓷及甜白釉瓷器也多造型精美，独具特色。

颐和园藏佛像、神像为传世文物的一部分，清漪园时期园内多佛寺，因此佛像多是当时园林陈设的一大特点。从乾隆十五年（1750 年）建园起，到被毁前（咸丰十年，1860 年）园内佛像曾近 15000 尊，主要集中在万寿山前及后山寺庙建筑群中。园中智慧海内遗存铜胎观世音菩萨一尊、铜胎文殊菩萨一尊、铜胎普贤菩萨一尊、铜胎韦驮一尊、天王一尊。云会寺香海真源内遗存铜胎毗卢佛一尊、铜胎从神二尊。这些佛像虽依附于建筑而存在，但其具有的工艺特点和宗教文化成为后世从宗教角度解读清漪园文化的有力物证。

颐和园是明清家具收藏的重镇，所藏家具数量大，制作精，种类丰富。颐和园现藏的数千件明清家具中，绝大部分为宫廷御用家具和陈设家具。由于是为宫廷制作，在材质、工艺上皆代表了所处时代家具制作的最高水平，是明清皇家宫廷家具的典型代表。颐和园藏家具种类丰富，包括了椅凳墩等坐具、床榻等卧具、桌案几架等承具、座插围挂等各类屏具、柜格箱架等容具及其他各种类型；在材质上有黄花梨木、紫檀木、沉香木、乌木、鸡翅木、铁力木、花梨木、酸枝木等；工艺上有各式漆作、镶嵌；地域特征上有京作、苏作、广作等；时代风格上有明式、清式（包括西洋式、东洋式）等。这些家具林林总总、蔚为大观，构成了一座收藏宏富、体系完整的古代明清高端家具博物馆，在当今国际公私家具收藏界，都罕有其匹。

三、颐和园文物藏品之价值

颐和园珍藏的文物，是作为皇家园林在长期使用过程中根据建筑内外陈设及礼制、生活等需要自然聚集起来的传世精品，为中国皇家园林文化的重要遗存，是颐和园世界文化遗产价值的重要体现。作为中国宫廷文物的最后一次大规模集合，颐和园藏文物有其独具的价值。

1. 颐和园文物的艺术价值代表了清代尤其是晚清宫廷艺术的最高水平

颐和园藏文物形制、纹饰、材质等要素反映了其制作年代的社会审美风尚、工艺技术、文化潮流等。由于大部分制作于清代，颐和园文物最能反映清代尤其是清代宫廷的艺术水平，包括清代宫廷审美风尚的变迁情况。颐和园藏文物为我们研究古代特别是清代宫廷文物的结构、工艺、技巧提供了难得的实物资料。

2. 颐和园文物作为中国清朝国家盛衰曲折历史的见证，具有重要的历史价值

评价颐和园文物，历史价值也是一个重要的标准。颐和园文物的一个重要特点是经历了清代国家由盛转衰的几次重大事变和晚清的政治风云，咸丰十年（1860 年）英法联军的劫掠，光绪十二年（1886 年）颐和园的重建、慈禧太后的几度庆寿，光绪二十四年（1898 年）的戊戌

变法运动，光绪二十六年（1900 年）庚子事变，晚清"游园外交"，清末的"西洋风"等等，这些都或多或少地在颐和园的文物上留下了时代的印记。有些晚清时期的颐和园文物，是反映那个时期某个重要事件或重要历史人物活动的重要见证。

　　3. 颐和园文物始终未脱离开其制造和产生的原初环境和使用功能，这一和历史场所相结合的特点，使得颐和园文物在整体上蕴含着极其丰富的文化和艺术密码

　　从乾隆时代开始，颐和园陈设就有专门为园内的某一建筑量身定造的，虽然晚清时期定做的情况由于国力的原因相对减少，文物的调拨、进献和采办渐多，但在总体上，晚清时期颐和园陈设的制作和选用也像前期一样，充分考虑所使用建筑的等级、体量、功能等要求，这一特点使得颐和园的陈设与陈设之间，陈设与所在建筑及其使用功能之间具有一种与生俱来的密切关系，使得陈设、建筑及其历史功能共同组成一个内涵十分完整丰富的文化场域，进而在当今引发诸多值得研究的课题，如陈设体量和建筑空间的关系，陈设布置和建筑功能的关系，陈设与建筑形式的关系，陈设类别和品质与使用者地位的关系，陈设与陈设之间的关系等等。这种完整性和系统性特点，使得颐和园文物在整体上具有一般公私博物馆文物收藏不可比拟的学术研究价值，对中国园林史、文化史、宫廷史、近现代史、工艺美术史等领域都不乏参考意义，是一座弥足珍贵的历史文化宝库。

　　今年，是颐和园列入联合国教科文组织世界文化遗产名录二十周年，为了进一步挖掘颐和园历史文化宝库，弘扬颐和园文化遗产价值，推进学术文化研究，惠泽学林与公众，颐和园计划出版《颐和园藏文物大系》丛书，并得到了文物出版社的高度重视与大力支持。这是颐和园藏文物资源的第一次系统整理出版，将全面公开颐和园藏文物的种类、数量、器形、纹饰及历史、艺术价值等较为全面的科学信息，可填补文物界颐和园藏文物缺位的空白，为文博、考古、历史、美术及其他相关领域的研究者提供可参考的重要资料和信息，为文物鉴定提供标准器和鉴定依据，对文物收藏者和历史文化研究者也具有较为重要的参考价值。我们期待这套丛书的出版能够进一步提高社会各界对颐和园重要价值的认知，进而提高专业人士及颐和园爱好者对颐和园历史文化的研究水平。

　　限于时间仓促和研究水平，错舛之处在所不免，也请方家不吝指正！

2018 年 4 月
于颐和园外务部公所

颐和园藏玉概述

臧辰垚

颐和园藏文物四万余件，其中玉器文物一千六百余件，占园藏文物总量的 4 % 左右。园藏玉器从时间上划分，上至周代，下至民国，跨越了中国三千多年的历史文明，质地多样，种类丰富，几乎囊括了中国玉器的所有类型，其中不乏稀世珍宝。

一、颐和园藏玉来源

颐和园藏玉器来源共分为两种情况，清宫旧藏及非清宫旧藏。在清宫旧藏中，主要为乾隆时期初建清漪园制作陈设以及慈禧时期的生活用器及庆寿贺礼；古物的南迁北返也对颐和园藏玉有所影响。在非清宫旧藏中，主要为调拨文物。

（一）清宫旧藏

1. 乾隆时期

颐和园的前身清漪园，为乾隆于十五年（1750 年）开始修建，同时清宫造办处便奉命为清漪园制作陈设。乾隆帝自己有时会提出"恭造"样式，集天下能工巧匠，命人监工制作。因为乾隆帝不在园内居住，所以清漪园的陈设多以鉴赏、把玩为主，使用为辅，注重陈设品质。亦有从故宫、圆明园、热河、盘山等处调配的文物。乾隆酷好古玉，嗜古成癖，仿古玉绝大多数是乾隆时期所置，如颐和园藏"大清乾隆仿古"款碧玉簋式炉。乾隆二十四年（1759 年），清廷平定新疆准噶尔部叛乱后，恢复了对新疆的管辖和治理，并控制了和田玉玉料的开采，从此大批和田玉料开始源源不断地运到北京，玉料质量也有大幅提升。

2. 慈禧时期

颐和园时期作为慈禧太后长期居住的离宫御苑，增加了大量的生活用品、陈设用品。其陈设主要来源是慈禧太后利用万寿庆典收存的贡品和置办的陈设。亦有光绪二十一年（1895 年），由建园的工程单位海军衙门及造办处对清漪园残存陈设领取修理，安放园内。又从宫廷各处调来大量陈设，这些陈设多为用过的物品。

根据光绪二十八年（1902年）陈设档记载颐和园藏玉情况总结，仁寿殿41件，乐寿堂9件，玉澜堂1件，排云殿136件，芳辉殿5件，紫霄殿31件，玉华殿10件。其余无玉器陈设记载，共计233件。

对颐和园藏玉来源及推测如下表格（表1），表中推测了名称、件数、藏玉殿宇、进贡人及进贡时间。

推测出仁寿殿10件，乐寿堂4件，排云殿10件，紫霄殿7件，玉华殿3件。慈禧六旬

表1 颐和园藏玉来源及推测

名　称	件数	推　测
清光绪渔樵耕读红珊瑚摆件	1	光绪陈设档玉华殿陈设：红珊瑚渔樵耕读盆景
明青玉仙人	1	光绪陈设档乐寿堂陈设：青玉仙人瓶1件内插小珊瑚
清大理石雕西洋少女像	1	光绪陈设档乐寿堂陈设：假石洋人提篮
清乾隆青玉云龙纹笔洗	1	光绪陈设档仁寿殿陈设：青玉云龙海棠式洗
清乾隆碧玉雕龙双环方炉、清乾隆碧玉番莲纹瓶、清乾隆碧玉雕花盒	3	光绪三十年慈禧太后七旬万寿庆典贡品清单内殿中：青玉炉瓶盒1分
清乾隆镶龙纹白玉顶松鹤碧玉圆盒	1	光绪三十年慈禧太后七旬万寿庆典，溥侗进贡：碧玉雕松鹤元盒1对
"大清乾隆仿古"款青玉兽面纹方鼎	1	光绪三十年慈禧太后七旬万寿庆典，溥口进贡：青玉出戟四足双耳鼎1件
清乾隆青玉御题七佛钵	1	光绪陈设档乐寿堂陈设：青玉七仙钵
清乾隆碧玉九老图方笔筒	1	光绪陈设档乐寿堂陈设：碧玉九老图方笔筒
清乾隆白玉雕凤纹佩形摆件、清乾隆白玉雕龙纹佩形摆件	2	光绪陈设档仁寿殿陈设：白玉雕刻龙凤璧2件
清乾隆青玉和珅书开笔之作板	2	光绪陈设档仁寿殿陈设：青玉诗意板2件
清乾隆碧玉兽面纹觚	2	光绪陈设档排云殿陈设：碧玉出戟蕉叶花觚1对
清道光青玉"晚香"款兰竹图诗文笔筒	1	光绪陈设档仁寿殿陈设：碧玉刻竹诗意笔筒

名 称	件 数	推 测
清光绪红珊瑚富贵平安花插	1	光绪陈设档玉华殿陈设：珊瑚花卉草虫瓶
清光绪红珊瑚蝈蝈白菜花插	1	光绪陈设档玉华殿陈设：珊瑚花卉草虫花插
清光绪红白珊瑚百鸟登梅盆景	1	光绪二十年慈禧太后六旬万寿庆典，载滢进贡：百鸟朝凤红白珊瑚盆景 1 件
清光绪红珊瑚百宝福禄寿盆景、清光绪红珊瑚百宝平安三多盆景	1	光绪三十年慈禧太后七旬万寿庆典，周浩进贡：珊瑚枝龙舟嵌珊瑚青玉蜜蜡金石仙人出瓶盆景 1 对
汉玉璜	1	光绪陈设档紫霄殿陈设：汉玉半璧
汉玉璧	1	光绪陈设档紫霄殿陈设：汉玉圆璧
汉玉鹅	1	光绪陈设档紫霄殿陈设：汉玉凫
汉玉瓜式烟壶	1	光绪陈设档紫霄殿陈设：汉玉瓜式烟壶
汉玉扳指	1	光绪陈设档紫霄殿陈设：汉玉扳指
汉玉夔龙带钩	1	光绪陈设档紫霄殿陈设：汉玉夔龙带钩
汉白玉璧	1	光绪陈设档紫霄殿陈设：汉玉小璧圈
清"乾隆年制"款青玉荷叶盖罐	1	光绪陈设档仁寿殿陈设：青玉荷叶盖罐
清白玉镶碧玉毛笔	1	光绪陈设档排云殿陈设：青玉笔管 1 支
清光绪墨玉嵌白玉吉庆有鱼	1	光绪三十年慈禧太后七旬万寿庆典，溥倬进贡：墨玉雕吉庆有鱼 1 件
清光绪白水晶寿星	1	光绪陈设档排云殿陈设：水晶寿星 1 件。光绪三十年慈禧太后七旬万寿庆典，载抡进贡：水晶寿星 1 件
清光绪碧玉雕花大吉葫芦牌	1	光绪三十年慈禧太后七旬万寿庆典，敏□进贡：碧玉葫芦大吉小插屏
清嘉庆题乾隆圣制诗木变石	1	光绪陈设档仁寿殿陈设：诗意木变石
清青玉籽料	2	光绪陈设档仁寿殿陈设：玉石 2 块
清乾隆青玉雕松笔洗	1	光绪陈设档紫霄殿陈设：青玉松树洗

万寿庆典进贡玉器 1 件，七旬万寿庆典进贡玉器 9 件。其余玉器陈设无记载或未推测出，推测出玉器共计 38 件。

3. 古物南迁北返

1931 年"九一八"事变爆发后，日本侵吞东北，窥伺华北。自 1932 年秋至 1933 年 5 月 23 日，总计一万九千余箱故宫、古物陈列所、颐和园、国子监等处文物先后五批运往上海。据《传奇见证——颐和园南迁文物》[1]统计，第二批运出玉器 12 件、第三批 74 件，其余批次无，共计 86 件。据《1951 年分配颐和园北返文物册》记载统计，共 58 件玉器北返颐和园，其中包括园藏精品玉器文物如"大清乾隆仿古"款青玉兽面纹方鼎。

（二）非清宫旧藏

据《颐和园志》记载：1951 年 4 月 18 日，北京市公逆清管局没收逆产古玩等三十余箱拨交颐和园，其中有翡翠插屏 6 件，翡翠用料质地较好，插屏尺寸较大[2]。另有《颐和园大事记》记载，1951 年 4 月 18 日，奉令：西郊公园将公逆产清管局没收古玩等三十箱移交颐和园，其中有翡翠插屏 6 件，本日运回[3]。除上述 6 件翡翠插屏外，民国翡翠兽面纹龙耳活环方鼎及清翡翠观音同为调拨颐和园文物，非清宫旧藏。

二、颐和园藏玉器分类

"藏品分类是藏品管理中的一项重要内容。它是检验藏品管理水平和研究水平的重要标志之一。为了实现藏品管理科学化、规范化、体系化、网络化，从而达到藏品管理安全有序和利用方便的目的。"[4]

颐和园玉器原排列编目号，按照级别、年代、器形顺序综合排列，新编目总登记号及分类号，在原玉器账目基础上按级别、年代、器形、成对或成套文物、完残情况排列。这种排列方法在级别基础上分类，便于文物分级别保管、查找、清点、利用。

（一）按藏品年代、器形分类

从此表可以反映出颐和园藏玉的三个特点：

第一，年代跨度大，种类丰富。

颐和园藏玉年代上至周代、下至民国，跨越了中国三千多年的历史文明，跨度之大显而易见。藏玉种类丰富，达到将近五十种，涵盖礼仪用具、生活用具、装饰用具、文房用具、陈设用具等，清代以前器形种类相对简单，清代尤为丰富，民国时期仅有两种（表 2）。

1
北京市颐和园管理处编著：《传奇见证——颐和园南迁文物》，五洲传播出版社，2016 年。

2
北京市颐和园管理处编：《颐和园志》，中国林业出版社，2006 年，第 270 页。

3
北京市颐和园管理处编：《颐和园大事记》，五洲传播出版社，2014 年，第 169 页。

4
北京博物馆学会编：《博物馆藏品保管工作指引》，中国书籍出版社，2012 年，第 75 页。

表 2　颐和园藏玉按年代、器形分类统计表

年代	玉器文物件数	器形	器形种类
周	4	琮、璧	2
西汉	3	插屏	1
汉	16	琮、璧、文玩	3
宋	1	文玩	1
明	21	簋、鼎、圭、觚、觥、杯、扁瓶、水池、洗、钵、文玩	11
明晚期	3	摆件、水盂	2
清初期	1	山子	1
清乾隆	212	炉、扁壶、鼎、盖罐、圆盒、如意、笔筒、文玩、碗、渣斗、砚、盘、剑璏、圭璧、觥、板、水丞、笔洗、佩、插屏、壶、瓶、香炉、花浇、碟、罐、佛像、山子、牌、钵、墨床、熏	32
清嘉庆	6	木变石、插屏、茶壶、杯盘、盘	5
清道光	3	如意、洗、笔筒	3
清光绪	88	摆件、如意、花插、盆景、插屏、佛像、印章、玺、洗、砚、笔架、水丞、盘、盒、执壶、瓶、璧、墨床、碗、镇纸、牌	27
清晚期	28	摆件、如意、圆盒、笔筒、壶、山子、插屏、砚屏、墨床	9
清	224	雕像、如意、璧、盖碗、盘、执壶、戚、摆件、笔、瓶、山子、水盂、洗、砚、碗、盘、勺、碟、籽玉、花觚	20
民国	7	鼎、插屏	2
19 世纪末至 20 世纪初	2	缅甸佛像、日本水晶山景	2

注：表格最后一行列出外国文物，即缅甸白玉佛和日本水晶山景，记录年代为19世纪末至20世纪初，因其为外国文物，没有具体来源时代记载，所以这里不按照中国朝代纪年，单独记录。

表格年代一栏中除清乾隆、嘉庆、道光、光绪外其余年代具体时期不详，以文物年代代指（以下文中皆以此代指）。

第二，清代藏玉数量大且种类多。

清乾隆、清代玉器数量最多，均达到二百余件，清光绪年间其次，有88件，明代、清晚期再次，有二十余件，汉代与西汉玉器共19件，其余年代均不足10件。从器形种类上来看，清乾隆年间达到32种，种类最丰富。清光绪、清代玉器种类也达到二十余种，明代玉器其次，有11种，

其余各年代种类均不足 10 种。

第三，清乾隆时期大件实用器少，小件文玩多。

清乾隆时期及清光绪时期年代明确，且玉器数量大、种类丰富。仅以这两个时期玉器种类相比较，清乾隆时期大件实用器少，小件文玩多。大件器有扁壶、炉、鼎、插屏、洗，数量不足 10 件，体量最大的为约二百余斤的清乾隆青玉卧牛。其余多数为小件文玩，植物、动物、人物等寓意丰富，种类多样。光绪时期大件珊瑚盆景数量为各个时期之最，另有大件插屏、砚、玉玺等，玉寿字圆牌也作为建筑装饰的一部分，于排云殿、乐寿堂、玉澜堂均有体现。小件文玩仅有小玉牛、玉兽。

（二）按藏品用途分

按颐和园藏玉器实际情况分为五类，分别是礼仪用具、生活用具、文房用具、装饰用具和陈设用具。

1. 礼仪用具

（1）璧 （2）琮 （3）鼎 （4）觚 （5）圭 （6）圭璧 （7）簋 （8）炉

2. 生活用具

（1）杯 （2）碟 （3）盖碗 （4）觥 （5）盒 （6）盘 （7）勺 （8）碗 （9）渣斗 （10）执壶 （11）熏

3. 文房用具

（1）笔 （2）笔架 （3）笔筒 （4）笔洗 （5）墨床 （6）水丞、水盂 （7）砚 （8）砚屏 （9）印盒 （10）章 （11）玺 （12）镇纸 （13）水池

4. 装饰用具

（1）剑璏 （2）带钩 （3）扳指

5. 陈设用具

（1）如意 （2）盆景 （3）插屏 （4）山子 （5）扁壶 （6）罐 （7）牌 （8）佩 （9）板 （10）瓶 （11）籽玉

（12）动物、植物、人物摆件

由于陈设用具中动物、植物、人物摆件范围宽，种类多，又进行了细致划分：

① 动物

<1> 龙 <2> 凤 <3> 狮 <4> 鹤 <5> 鹿 <6> 牛 <7> 猫 <8> 凫 <9> 鱼 <10> 兽 <11> 貜 <12> 马 <13> 鸡 <14> 猴 <15> 象 <16> 羊 <17> 蝶 <18> 金蟾 <19> 鸳鸯 <20> 狻猊 <21> 螭龙 <22> 鳌鱼 <23> 绶带鸟 <24> 白头翁

②植物

<1>梅 <2>兰 <3>竹 <4>菊 <5>松 <6>桃 <7>瓜 <8>葫芦 <9>灵芝 <10>石榴 <11>柿子 <12>佛手 <13>番莲 <14>牡丹 <15>荷莲 <16>白菜 <17>蘑菇 <18>菱角 <19>玉兰

③人物

<1>八仙 <2>福禄寿三星 <3>佛 <4>观音 <5>渔樵耕读 <6>童子 <7>仙姑 <8>仙人

礼仪用具共8种，"以苍璧礼天，以黄琮礼地"，礼器中璧、琮多为高古器，时代以周代、汉代为主，璧的数量最多，例如：西汉白玉谷纹璧插屏。生活用具共11种，以盘、碗、勺为主，其中岫玉碗、盘、勺、碟、杯，材质、做工大致相同，可组成成套餐具。文房用具共13种，大小不一，种类多样，纹饰丰富，无法组成成套文物，其中笔筒与笔洗多精品，例如：清"乾隆御制"款白玉福寿笔筒及清乾隆白玉云龙洗。装饰用具仅3种，剑璏2件、带钩1件、扳指2件，共5件，非实用器，并无玉头饰、首饰等穿戴饰品。陈设用具共12种，此类玉器数量最多，质地多样，纹饰丰富，观赏度最佳，例如：清乾隆碧玉刻御制诗插屏。动物、植物、人物摆件中，动物摆件数量最多，人物摆件最少。动物摆件多小巧精致，栩栩如生，形态各异，例如：宋白玉鹿。植物摆件雕刻内容以吉祥寓意为主，例如：清乾隆青玉佛手寓意福寿。人物摆件中小童子较多，有彩戏娱亲、郯子鹿乳奉亲等摆件，凸显孝道。亦有八仙、福禄寿三星等成套保存的玉器摆件。

（三）按藏品质地分

按照颐和园藏玉器质地分类，大致分为玉、翠、石、其他四类。

1. 玉

（1）白玉 （2）青玉 （3）碧玉 （4）黄玉 （5）墨玉

2. 翠

（1）翡翠 （2）云玉

3. 石

（1）滑石 （2）汉白玉 （3）东陵石 （4）寿山石 （5）松石 （6）青金石 （7）黄花石 （8）芙蓉石 （9）木变石 （10）水晶 （11）玛瑙 （12）其他石

4. 其他

（1）珊瑚 （2）琥珀

在狭义的玉分类中，白玉数量最多，玉质参差不齐，如清乾隆梅石绶带花瓶白玉摆件，其颜色呈脂白色，质地细腻致密，油脂性好，有温润之美感，雕刻、造型亦十分精巧。明"子冈"款兽面纹龙耳白玉簋，其颜色在白玉基础上稍泛乳黄色，绺裂较多且深，却并非透裂，亦非外伤所致，应是玉质本身相对较差，油脂性差，但其雕工考究大气，不乏美感。青玉相对来说多大件重器，如清乾隆雕云龙青玉笔洗、清乾隆御题七佛青玉钵、清乾隆青玉卧牛、清光绪龙纽青玉玺、"大清乾隆仿古"款兽面纹青玉方鼎等，体积大、用料足、做工精。

在翡翠类文物中，颐和园藏翡翠共十余件，其中大部分为新中国建立初期调拨颐和园的文物。同以翡翠插屏为例，民国仿乾隆御题翡翠插屏与清雕山水人物翡翠插屏相比较，前者翡翠料明显优于后者，正阳绿多且颜色更纯正，透明度、光泽度较好。在雕刻方面，前者雕刻略显繁复，山川、树木、人物、楼台无一不进行细致雕刻，后者更多留白，给人以想象空间，线条流畅柔美。

在石类文物中，共划分成 12 种，滑石类文物最多，多为晚清时为庆贺慈禧生辰所进贡的滑石如意，一套九柄，如清木柄福寿三多岫玉如意。清木柄福寿三多岫玉如意含原装玻璃木盒，玻璃面上为五蝠捧寿纹，木边为团寿蝠纹，底纹为卍字锦，寓意三多九如，福寿如意。简要介绍两种石文物，其一为清乾隆寿山石山景，寿山石质，凝洁脂润，细腻无比。立体山形，双面浮雕。正面雕刻山间景致，苍松劲石，表面琢以棱边；背部山石流水交错，构成一幅动静有致、深浅得当的自然风景。其工艺精细，雕琢细致入微，具有很高的工艺水平。其二为清乾隆御题翠云岩青金石山景，青金石质，色泽鲜艳，颜色湛蓝。此件山子根据石料纹理走向雕琢成山形，山景造型逼真，山景之上浮雕山石、松柏。正面刻有乾隆御题诗《御题翠云岩》，诗文曰："叶姿枝态锁层峰，织翠流青色正浓。习习天风拂岩落，人间烦暑觅何从。"

在其他类文物中，以珊瑚为主，琥珀仅 1 件。珊瑚大致分为三类：花插、如意及盆景。例如：清光绪富贵平安红珊瑚花插，光绪陈设档记载玉华殿陈设：珊瑚花卉草虫瓶。清光绪蝈蝈白菜红珊瑚花插，光绪陈设档记载玉华殿陈设：珊瑚花卉草虫花插。清光绪渔樵耕读红珊瑚摆件，底座为后配，原为盆景。光绪陈设档记载玉华殿陈设：红珊瑚渔樵耕读盆景。清光绪百宝福禄寿红珊瑚盆景及清光绪百宝平安三多红珊瑚盆景，光绪三十年慈禧太后七旬万寿庆典记载周浩进贡：珊瑚枝龙舟嵌珊瑚青玉蜜蜡金石仙人出瓶盆景一对。清光绪百鸟登梅红白珊瑚盆景，光绪二十年慈禧太后六旬万寿庆典，载滢进贡："百鸟朝凤红白珊瑚盆景一件"。珊瑚存量较少，特征明显，相对来说在陈设档案中比较容易查找比对。

三、颐和园藏玉中的特殊文物

对颐和园藏玉的来源、分类进行梳理后，整理总结了一些特殊文物，如带款识玉器、乾隆御题玉器、乾隆御制玉器、乾隆御制诗玉器及外国文物。这类玉器在颐和园藏玉总量中仅占很小一部分，多与乾隆时期相关，也有后期仿乾隆款。

（一）带款识玉器

颐和园藏玉带款识的文物中，有明代"子冈"款文物1件，清代"乾隆御制"款文物4件，"乾隆年制"款文物2件，"大清乾隆仿古"款文物3件，"晚香"款文物1件，共11件，"乾隆款"文物占9件（表3）。例如：清"乾隆年制"款青玉荷叶盖罐及其阴刻篆书底款，为典型乾隆时期玉器底款，可断定为乾隆年制玉器。值得一提的是，从年代分类来看乾隆时期玉器虽然最多，可清代其他时期数量依旧可观，但如嘉庆、道光、光绪时期，均未见表明其时代的款识。

表3　颐和园藏玉带款识文物一览表

款　识	文物名称	件　数
"子冈"款	明"子冈"款白玉兽面纹龙耳簋	1
"乾隆御制"款	清"乾隆御制"款白玉福寿圆盒（1对） 清"乾隆御制"款白玉五蝠捧寿圆盒 清"乾隆御制"款白玉福寿笔筒	4
"乾隆年制"款	清"乾隆年制"款青玉洞石摆件 清"乾隆年制"款青玉荷叶盖罐	2
"大清乾隆仿古"款	"大清乾隆仿古"款青玉兽面纹方鼎 "大清乾隆仿古"款碧玉簋式炉 "大清乾隆仿古"款青玉龙纹双环象耳扁壶	3
"晚香"款	清道光"晚香"款青玉兰竹图诗文笔筒	1

（二）乾隆御题玉器

颐和园藏乾隆御题文物中，西汉玉璧，乾隆时期后配紫檀座，乾隆御题插屏2件，如乾隆御题紫檀框西汉青玉蒲纹璧插屏正反面，乾隆御题玉器2件，民国仿乾隆御题翡翠插屏5件。民国调拨翡翠插屏本为6件，其中一件无乾隆御题（表4）。此类乾隆御题玉器共9件，均与乾隆时期相关。

（三）乾隆御制玉器

颐和园藏乾隆御制文物中，御制赋文物2件，御制诗文物6件。清乾隆碧玉刻黄钺书御制

表 4　颐和园藏乾隆御题玉器一览表

御　题	文物名称	件　数
乾隆丁亥季夏御题	乾隆御题紫檀框西汉青玉蒲纹璧插屏	1
乾隆丁亥夏日御题	乾隆御题紫檀框西汉青玉蒲纹璧插屏	1
御题翠云岩	清乾隆御题青金石翠云岩山子	1
乾隆御题	清乾隆御题青玉七佛钵 民国仿乾隆御题翡翠插屏（1 对） 民国仿乾隆御题翡翠"共庆蟠桃"插屏 民国仿乾隆御题翡翠"星天极南"插屏 民国仿乾隆御题翡翠"东王仙籍"插屏	6

表 5　颐和园藏乾隆御制玉器一览表

御制诗或赋	文物名称	件　数
御制赋	清乾隆碧玉刻黄钺书御制赋板	1
御制赋	清乾隆碧玉刻赵秉冲书御制赋板	1
御制诗	清乾隆碧玉刻御制诗插屏（1 对）	2
御制诗	清乾隆青玉御制诗籽料	1
御制诗	清乾隆青玉雕和珅书开笔之作板（1 对）	2
御制诗	清乾隆青玉雕云龙笔洗	1

赋板、清乾隆碧玉刻赵秉冲书御制赋板及清乾隆青玉雕和珅书开笔之作板（1 对），均为臣字款某某敬书。清乾隆青玉御制诗籽料落款为乾隆甲申仲夏月御制，其余无落款（表5）。

（四）乾隆圣制诗玉器

清嘉庆题乾隆圣制诗木变石，木变石是一种非晶质氧化硅，即硅化木化石，含有明显的变色晕彩，石头有天然木材的晕纹，常被用来当作宝石，作为承载文人雅趣的陈设摆件。此器随形，未经雕琢，金彩隶书乾隆皇帝的《木变石诗》，字体古拙秀美，内容描述了乾隆皇帝对木变石的喜爱之情。此处以"圣制"二字启，指出与当朝帝王"御制"诗文之别，可知题诗年份上限应为清嘉庆元年至三年（1796~1798 年），即清乾隆六十一年至六十三年。

（五）外国文物

颐和园藏玉中外国文物共 2 件，一件为缅甸白玉佛，玉佛座写明"缅甸陈水仙供奉"。另一件为日本刻隶书后赤壁赋水晶摆件，日本明治二十八年（1895 年）甲府市精美堂水晶廛制造，水晶质地，带红木座。水晶随形打磨出棱面，各面刻隶书《后赤壁赋》全文，标题"后赤壁赋"四字采用减地浮雕的方式进行雕琢。晶体整体通透，局部有杂质，可反射出晶莹的光束。

本文简要介绍了颐和园藏玉的基本情况，整理总结其来源、分类、特殊文物。按照年代器形、用途、材质分别进行分类，简要总结了颐和园藏玉的特点；梳理了特殊玉器有落款玉器文物及外国文物，希望能对园藏玉器文物的收集和保藏、对未来的展览设计、文化传播、社会教育及科学研究有一定帮助。

颐和园藏玉面面观

古 方

颐和园现藏玉器约六百余件，本书收入其中 172 件（套）。笔者拟从玉器用途、题材与纹样、玉料及工艺等方面，对本书收录的玉器作一概述。

一、玉器用途

分为佩玩、陈设摆件、器皿和文房用具。

1.佩玩：为随身佩戴的玉饰品，体形较小，有片状和圆雕两种，均有穿孔，以供系挂。常佩于人的颈下或腰间，便于观赏或把玩。造型以人物（童子）（图 1）、动物（龙、螭虎、鸳鸯、蝴蝶）（图 2）或植物（瓜、莲、桃、柿、葫芦、佛手）（图 3）的形象为主。片状玉佩有圆形和方形，并透雕出两面相同的纹饰（图 4）。

2.陈设摆件：器形有像生造型圆雕件、如意、山子和插屏，可陈设于案桌或底座之上，作观赏之用。大型像生玉摆件有老者（寿星）、佛像（图 5）、仕女、童子洗象、卧牛（图 6）、羊、狮子等。小型像生圆雕件上有穿孔，底部皆有平面，既可陈设，亦可作为手把件，如各种姿态的童子（图 7、8）。如意多为整玉雕成，亦有以木柄上镶嵌玉瓦的如意（图 9、10）。有

图1   图2   图3

图 1 ｜清 白玉双童
图 2 ｜清乾隆 白玉鸳鸯
图 3 ｜清乾隆 青玉荷莲

图 4　　　　　　　　　　　　图 5　　　　　　　　　　　　图 6

图 7　　　　　　　　　　　　图 8

图 4｜清乾隆　白玉套环转心佩

图 5｜清乾隆　白玉佛

图 6｜清乾隆　青玉卧牛

图 7｜清乾隆　白玉骑木马童子

图 8｜清乾隆　白玉持莲童子

的如意上还以嵌百宝的工艺做出各种色彩丰富的图案及文字（图 11）。山子是乾隆以来出现的新品种，依玉料（山料或籽料）的形状雕出山形，浮雕出山石、树木、人物、动物、河流、建筑等形象，宛如一幅山水画卷，意境深远，观赏性较强（图 12）。插屏由玉屏心和底座组成，屏心有长方形和圆形两种，两面雕刻山水人物花鸟图案和诗句（图 13、14）。将汉玉璧嵌于木质插屏之中，为乾隆时期常见做法（图 15）。插屏底座以木质为主，亦有华丽如象牙者。另外还有与插屏观赏功能相近的家具上的片状嵌饰。

　　3. 器皿：即玉质容器，有炉、瓶、盒、罐、壶、花插、碗、盘、杯、碟等，兼有观赏和使用功能，造型上多仿自古彝器，如鼎、觚、簋、尊等（图 16）。炉作熏香之用，均带盖，材质有白玉、青玉、碧玉和翡翠，为清宫常见之器，讲究雕工与材质的精致（图 17）。炉、瓶、盒配套使用，称为三事（图 18a～c）。炉为焚香之器，瓶内置铲、夹子等摄香除灰的工具，盒内则盛放香料。瓶用于观赏或花插，前者带盖，后者无盖。瓶身一般饰有仿古彝器花纹，如兽面、蕉叶、云雷纹等，对称附有兽吞式衔环（图19）。罐、壶、碗、盘、杯、碟等为实用器，制作规整，以素面器居多（图20）。

4.文房用具：有水丞、笔洗、笔筒、笔架、砚、印盒、玺印等，皆置于书斋或书房的案头之上，既可实用，又可观赏。小型的水丞和笔洗作果实状，有莲蓬、荷花、桃形、瓜形等（图21）；大型者为器皿形，带有衔环式双耳（图22）。笔筒的数量最多，外表浮雕纹饰，最精美者为圆雕四个童子的水桶形笔筒（图23）。

二、题材与纹样

颐和园藏玉式样繁多，纹饰复杂，已达到"千文万华，纷然不可胜识"的地步。其主旨是突出"有图必有意，有意必吉祥"的创作理念，以人物、动物、植物和器物组合的形象或谐音寓意吉祥。如蝠与福、鹿与禄、獾与欢、磬与庆，石榴（多子）、佛手（多寿）（图24）、桃（长寿）、灵芝（祥瑞）、葫芦（福禄），以及鹿鹤同春（鹿、鹤）、岁岁平安（穗、鹌鹑）、瓜瓞绵绵（瓜、蝴蝶）（图25）、事事如意（柿、如意）、吉庆有余（磬、鱼）（图26）、太平有象（象、宝瓶）、连年有余（莲、鲶鱼）（图27）等等。还有痕都斯坦风格的番莲纹。

佛教纹样有七佛和八宝纹。七佛为释迦牟尼佛及在其前出现的六位佛陀，即毗婆尸佛、尸弃佛、毗舍浮佛、拘留孙佛、拘那含牟尼佛、迦叶佛、释迦牟尼佛，亦称过去七佛，

图 9

图 10

图 11

图 9 ｜清 白玉人物如意
图 10 ｜清光绪 木柄嵌银丝翡翠龙凤呈祥三镶如意
图 11 ｜清光绪 青玉百宝嵌三多纹如意（一对）

图 12

图 13

图 14

图 15

图 12 | 清乾隆 白玉三星庆
寿山子

图 13 | 清乾隆 白玉松鹤插屏

图 14 | 清乾隆 碧玉刻黄钺
书御制赋屏芯

图 15 | 清乾隆 御题紫檀框
青玉蒲纹璧插屏

图 16 | 清乾隆 "大清乾隆
仿古"款青玉兽面纹
方鼎

图 17 | 明 白玉四足鼎

图 16

图 17

图 18a

图 18b

图 18c

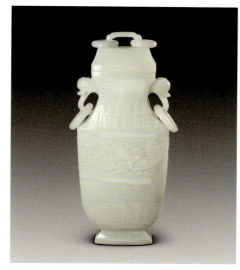

图 19

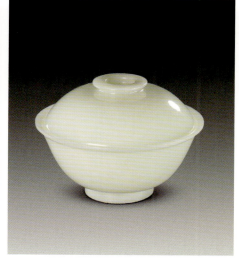

图 20

图 21

该纹样见于本书"御题七佛青玉钵"（图 28）。北京北海西天梵境七佛塔有乾隆御制《七佛塔碑记》，美国纽约大都会艺术博物馆藏有乾隆《御题七佛塔碑记》玉册，都是同一类的题材。八宝纹为藏传佛教象征吉祥的八件宝物为题材的纹饰，始见于元，流行于明、清。八宝为法轮、金鱼、宝瓶、莲花、法螺、宝伞、盘肠结、白盖（图 29）。

　　装饰图案题材以神仙、孝子故事和传统图案为主，如八仙、东王仙籍、龙马负图、东方朔偷桃、天官赐福、麻姑献寿、鹿乳奉亲（图 30）、海屋添筹、渔樵耕读、三星庆寿、岁寒三友、携琴访友、浣花溪舟（图 31）、童子洗象（图 32）、和合二仙、三阳开泰、苍龙教子、太师少师、刘海戏金蟾（图 33）等。

图 22

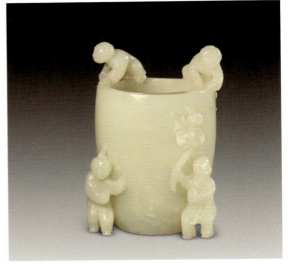

图 23

图 24

图 25

图 26

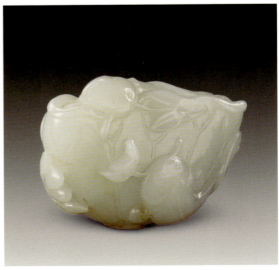

图 27

图 28

图 29

图 30

图 31

图 32

图 33

三、玉料

　　以和田玉为主，产于新疆境内的昆仑山上，分为山料和籽料。山料是原生矿脉出产的玉料，块度较大，绺裂较多，含有杂质。清代最大的山料玉矿位于叶尔羌河上游的密尔岱山。山料以青玉和青白玉为主，几乎涵盖所有的清代玉器品种。籽料是指原生玉矿石经剥蚀被流水搬运到河流中，分布于河床及两侧阶地中，玉石裸露于地表或埋藏于地下，特点是块体较小，常为卵形，表面光滑，质量较好。白玉籽料产自和田的玉龙喀什河（白玉河），质坚温润细腻，用于制作小佩饰和随形雕的山子（图 34），其中极品称羊脂玉（图 35），正如清代陈性在《玉纪》中评价的那样："其玉体如凝脂，精光内蕴，厚质温润，

图 34

图 35

图 36

图 37

脉理坚密，声音洪亮……"籽料表面常有经风化形成的深浅不一的皮色，本书有一件刻有御制诗的和田籽料，表面留有籽料的褐色皮色（图 36）。

清朝统一新疆后，清政府于乾隆二十四年（1759 年）在和田设办事大臣，并设"哈什伯克"（玉石官），督办采玉。从乾隆二十六年（1761 年）起，官督民采成为和田采玉主要方式，即在官员的监督下，役使当地采玉人捞玉，所得之玉全部归官。从乾隆二十五年到嘉庆十七年的 52 年间，共计贡进朝廷的玉石多达二十余万斤，其中多数是在乾隆朝进贡的。

黄玉是和田玉中罕见的品种，本书仅收录一件黄玉狻猊摆件，堪称佳作（图 37）。碧玉呈菠菜绿色，内含黑点，杂有少量白筋，产自和田及玛纳斯（图 38）。翡翠是乾隆时期从滇缅大量输入中原的玉石品种，至清末已形成翠绿、通透、纯净的质料为上品的分级标准。慈禧太后当政时，独爱翡翠，经常向各地摊派索要翡翠制品，这也助长了民间的效仿之风，翡翠山子、

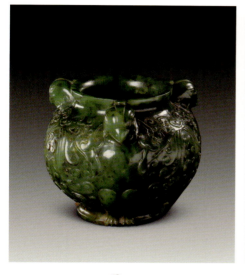

图 38　　　　　　　　　　　　图 39　　　　　　　　　　　　图 40

带钩、方牌、手镯、项链成为当时最时尚的玉器。颐和园藏玉中虽然没有翡翠佩饰，但在陈设器的插屏、香炉中也不乏翡翠精品（图39、40）。

在未收录于本书的颐和园藏玉中，有大量的晚清岫岩玉制品，特别是光绪三十年慈禧七旬万寿庆典的贺礼中，有很多木柄岫玉如意。岫岩玉产于辽宁岫岩，矿物成分为蛇纹石，质地细腻，颜色通常为绿色，半透明至不透明，蜡状至油脂状光泽，硬度较低，产量极大，是一种工艺价值较低的玉料。

四、工艺

清代制玉过程有选料、开料、画样、琢刻、打磨、抛光等，其中开料、琢刻和抛光是最重要的环节。清代李澄渊的《玉作图》有琢刻玉器过程全图，分捣沙、开玉、扎碢、冲碢、磨碢、掏膛、上花、打钻、透花、打眼、木碢、皮碢等十几道工序，基本上涵盖了琢玉全过程。

从本书收录的玉器来看，琢刻技法有阴刻、浮雕、透雕、圆雕、镂空、刻字等。在玉成器过程中，还有一些特殊的装饰手法：1.嵌百宝，将中国传统宝石如玛瑙、水晶、青金石、翡翠、绿松石、碧玺、珊瑚、蜜蜡等雕成动植物及文字等，组成吉祥图案，镶嵌或粘贴于玉器表面（图41）。2.阴刻文字或图案填金。文字有御制诗及款识。书写御制

图 41

图 38 ｜ 清乾隆 碧玉三鸠罐
图 39 ｜ 民国 仿乾隆御题东王仙籍翡翠插屏
图 40 ｜ 民国 翡翠兽面纹龙耳活环方鼎
图 41 ｜ 清 白玉岁岁平安插屏

图 42

图 43

图 44

图 42｜清乾隆 青玉御题七佛钵（局部）

图 43｜清乾隆 "乾隆御制"款白玉圆盒

图 44｜清乾隆 白玉瓜式洗

诗的有乾隆时期的名臣王杰、赵秉冲、黄钺、和珅。款识有"乾隆年制""乾隆御制""大清乾隆仿古""子冈"等。文字的刻写有手刻和机砣两种。手刻技法是先勾勒出文字的轮廓，然后用尖利的金属工具在轮廓内刻划，由于玉料硬度大于刻划工具，故十分费力，遗留有很多出刀、毛刺和留白的现象（图 42）。机砣则没有上述现象，字体工整，笔画流畅（图 43）。3.染色，也称烤色。是在原本没有颜色或颜色不佳的玉器上，使用有机染料人为模拟籽料天然皮色或古玉旧色的做法。本书有不少玉器表面上的局部红色即为染色（图 44、45）。4.遮绺，将玉料表面有裂纹的地方雕刻成岩隙石缝、树干等形象，巧妙遮掩玉料的瑕疵。另外还有配座、配盒、配穗等。

清代官廷玉器主要的生产地是苏州、扬州和清宫造办处。苏州的琢玉工艺有着悠久的传统，技术基础十分雄厚，特点是用料精良，雕工娴熟。明清以来，以阊门为中心，在专诸巷和吊桥一带，兴起了两百多家琢玉工场，琢玉工匠近千人，形成了独立的行业。苏州琢玉业最盛时，沙沙琢玉之声昼夜不停，毗户可闻。扬州琢玉业以琢治山子等巨型玉器而闻名天下，所雕之器构思新颖，设计严谨，气势奔放，别具一格，充分体现了扬州玉工出色的创造力和高超的技艺，也奠定了扬州琢玉业在琢玉史上所占的特殊地位。清宫"造办处玉作"的主要任务，是对原有玉器的改作、刻款、镌字以及玉器的烤色，配盒、盖、座、穗等。

苏州和扬州琢玉业的空前繁盛，造就了一批身怀绝技的玉匠，其中代表人物是明代晚期极负盛名的治玉高手陆子刚。在传世的明清玉器中，有一些刻有"子刚"或"子冈"款的玉器，这类

图 46a

图 45

图 46b

图 47

玉器构思奇巧，制作精致，成为人们所喜爱的珍品。这"子刚"与"子冈"就是陆子刚。本书收录一件明代"子冈"款兽面纹龙耳白玉簋（图46a、b），款识与台北故宫藏明代"子冈"款玉竹节式臂搁相近（图47），对研究陆子刚作品款识及断代有一定的价值。

图 45 ｜清 白玉耕读图山子

图 46a ｜明 白玉"子冈"款兽面龙耳簋

图 46b ｜明 白玉"子冈"款兽面龙耳簋底部款识

图 47 ｜明 白玉"子冈"款竹节纹臂搁（台北故宫博物院藏）

图 48

图 49a

图 49b

最后值得一提的是，颐和园藏玉中，既有古玉，也有仿古玉。古玉中有史前时代的玉璜、汉代的玉璧（图 48），以及宋、元、明时期的器物。仿古玉如汉式双周纹饰玉璧（图 49a、b），该璧为清仿之物，但乾隆视之为"器则实周遗"，反映出当时仿古和鉴赏的水平。

图 48 | 西汉 白玉谷纹璧插屏

图 49a | 清乾隆 御题紫檀框青玉蒲纹璧插屏

图 49b | 清乾隆 御题紫檀框青玉蒲纹璧插屏（局部）

图 版

颐和园藏文物大系·玉器 I

陈设摆件

白玉谷纹璧插屏

西汉（公元前 206～公元 8 年）

璧：直径 19 厘米　厚 0.5 厘米

◆　白玉质，有黄色沁斑。璧体平圆，
璧内雕琢排列整齐的谷纹，内、外圈有
两圈阴刻线相隔，璧面抛光较好。该器
配有硬木雕刻插屏架。

御题紫檀框青玉蒲纹璧插屏

璧：西汉（公元前 206～公元 8 年）
屏：清乾隆（1736～1795 年）
长 29 厘米　高 41.5 厘米　厚 15.2 厘米

◆　紫檀框雕有海水龙纹等纹饰，正面中心位置雕刻乾卦符号，插屏背面雕刻隶书御制诗《题汉玉谷璧》："玉坚土性脆，此理实易见，玉入土多年，土蚀玉如烂谷，璧实周制谁则强名汉，刚斧泯玉文，望若土一片，惟土能生谷，妙趣供绎玩。乾隆丁亥季夏御题"。璧青玉质地，有黄色沁斑。璧体平圆，外圈阴刻兽面双蛇身卷曲纹饰，内圈雕琢排列整齐的蒲纹装饰，内、外圈有两圈圆形阴刻线相隔，璧面抛光较好。

白玉山水龙纹插屏

清乾隆（1736～1795 年）

长 8.5 厘米　高 11.5 厘米　厚 0.3 厘米

◆　白玉质。屏芯呈长方形，正面阴刻山水楼阁，一书生于
书斋内欣赏美景。屏芯右上侧雕刻御制诗："江南山色四时青，
只有群芳别性灵。底识春归花坞里，锦烟轻喷麝檀馨。御制诗，
臣王杰敬书。"刻"臣""杰"二字章。屏芯背面阴刻海水云
龙。该器雕工洗练，寥寥数笔，刻画出山间恬静之美，意境
深远。玉屏下配有硬木屏架。

江南山色四時青纸
有屋芳別性靈虛庶識
宕歸谷鵑裡錦煙蚌
喈庸尉檀馨
御製詩

臣王东敬書
囗囗

白玉松鹤图插屏

清乾隆（1736～1795 年）

长 8 厘米　高 9.3 厘米　厚 0.5 厘米

◆　白玉质。插屏芯长方形，一面雕刻
桃树、蝙蝠，寓意福寿；一面雕刻鹿、
松柏、仙鹤。玉质莹润，图案雕刻简洁，
抛光较好，纹饰寓意吉祥。"松鹤"寓
意"松鹤延年"，"鹿鹤"寓意"鹿鹤
同春"。屏芯下配有硬木屏架。

白玉镂空九龙椭圆璧佩形插屏

清乾隆（1736～1795年）
长16厘米　宽9厘米　高33厘米

◆ 白玉质。呈片状倭角椭圆佩状，以减地阳起镂空的技法雕琢九条玲珑剔透、盘曲缠绕的螭龙，线条疏朗，生动逼真。玉质温润，琢磨精细，抛光极好。屏芯下配有硬木屏架。

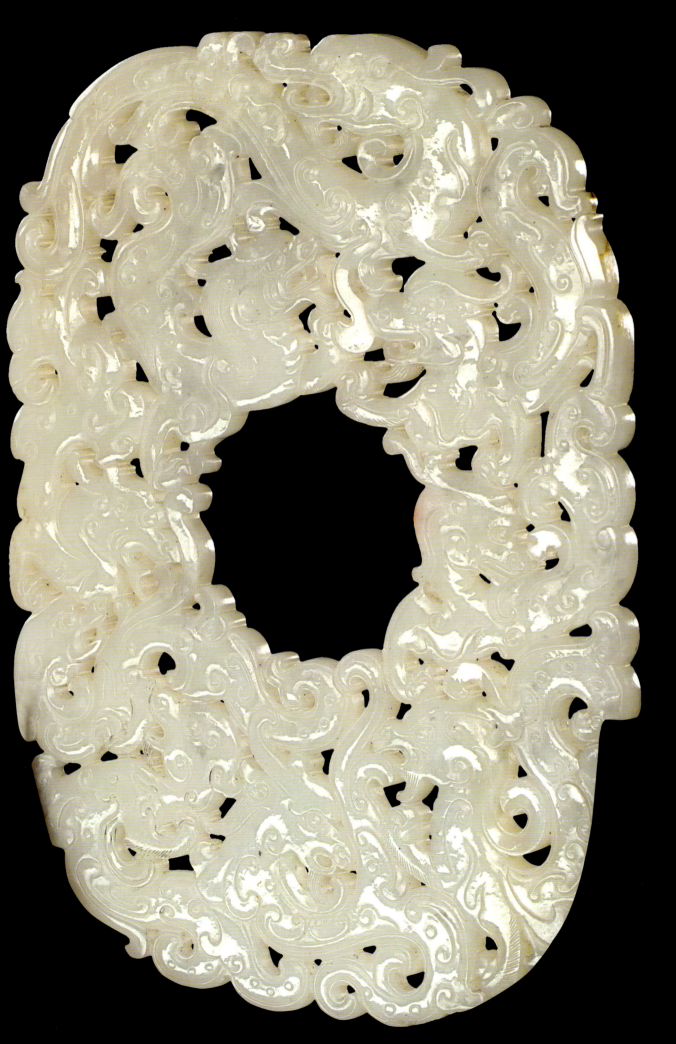

白玉岁岁平安插屏

清（1644～1911 年）

直径 24.3 厘米　厚 1.2 厘米

◆　白玉质，光洁油润，带皮色，有绺裂。屏芯圆形，采用百宝嵌工艺将青金石、绿松石、珊瑚等珍贵材料切割成需要的图案，镶嵌在玉屏之上；屏芯正面为四只鹌鹑，在禾稻间飞舞嬉戏，背面光素。因"穗"与"岁"同音，鹌与"安"同音，故此插屏取"岁岁平安"之意。屏芯下配有木质底架。

青玉福禄寿砚屏（一对）

清（1644～1911年）

长 21.5 厘米　高 29.3 厘米　厚 15.1 厘米

◆　成对，青玉质。插屏芯长方形，一
面浅浮雕琢蝙蝠、寿桃纹饰，一面雕琢
鹤鹿同春纹饰，寓意福禄长久；二屏图
案题材相同，画面略有差异，互相呼应。
玉质莹润，纹饰雕琢精细，抛光较好。
屏芯下配有花梨木屏架。

碧玉刻黄钺书御制赋屏芯

清乾隆（1736～1795 年）

直径 39.6 厘米　厚 1.3 厘米

◆　碧玉质。芯为圆形，背面光素。开料琢磨平匀，琢刻黄
钺敬书篆书御制赋，字体古拙精美，字口描金，使诗文更为
清晰明显，跃然而出。屏芯另一面素面无纹。此器面平圆，
玉质匀净，颜色浓绿，雕工精细，抛光较好。

碧玉刻赵秉冲书御制赋屏芯

清乾隆（1736～1795 年）
直径 39.6 厘米　厚 1.3 厘米

◆　碧玉质。芯为圆形，背面光素。开料琢磨平匀，琢刻赵秉冲隶书御制赋，字体古拙精美，字口描金，使诗文更为清晰明显，跃然而出。屏芯另一面素面无纹。此器面平圆，玉质匀净，颜色墨绿，雕工精细，抛光较好。

御製頒朔日作

廿五踐皇阼　六旬頒憲書

我三代下真國長久未有一周甲者予踐
阼當歸政不敢予獨沐
天惟顧得以六十年即位當歸政不敢予獨沐
皇祖即踐阼亦未計予即位及六十年時憲
皇祖六十一年即位時已六十計及六十年時憲
十二年當五歲以八百十五年計之歲也
今十月朔日頒乾隆六十年時憲
陛之初焚香告
蒼天佑得過十月朔日彼時頒乾隆
書仰蒙
初顧稽之載籍上實而未聞
誠然三代下祇有

天恩厚深憐

雍正除憲書後紀年例週六甲乾隆元年憲書尚紀康熙十二年丁巳歲月推遷茲乾隆六十年憲書已不載雍

正午先號烈兢兢雖久業業猶是踐阼初心耳

寸心增感惕惟恐或

臣和珅敬書

孤初

青玉和珅书御制颁朔日作板

清乾隆（1736～1795 年）

长 22.5 厘米　宽 13.5 厘米　厚 2 厘米

◆　青玉质，色泽莹润。玉板开料平整，琢磨精细，抛光极好。板面阴刻楷书和珅书御制诗："御制颁朔日作。廿五践皇阼，六旬颁宪书（三代下享国长久，未有周甲者。只我皇祖在位六十一年，予践阼之初焚香告天。惟愿得六十年即当归政，不敢同皇祖六十一年。然皇祖以八龄践阼而予即位，时已二十五岁，以百年计之已过四之一，彼时亦未计及，若满六十年当寿跻八十五岁也。今十月朔日颁乾隆六十年时宪书，仰蒙上苍眷佑，得符初愿。稽之载藉，实所未闻）。诚然三代下，只有一身予。独沐天恩厚，深怜雍正除（宪书后纪年例周六甲。乾隆元年宪书尚纪康熙十六年丁巳岁，月推迁兹。乾隆六十年宪书已不载雍正年号，阅时虽久而荷昊禧。承先烈兢兢业业，犹是践阼初心耳）寸心增感惕，惟恐或孤初。臣和珅敬书"。字体琢刻细致规整，行文疏朗，书风甜润。

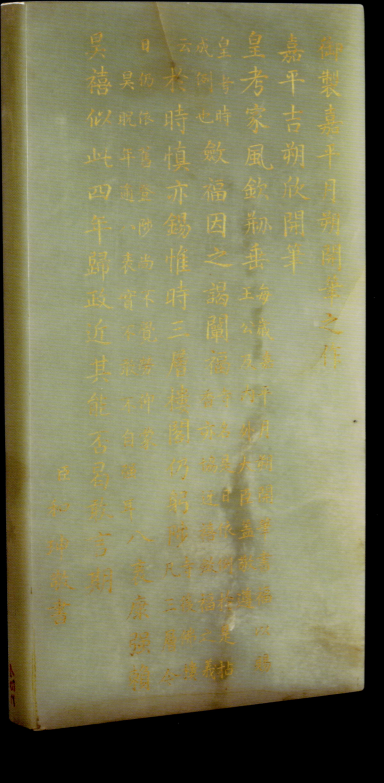

御製嘉平月朔開筆之作

嘉平吉朔欣開筆
皇考家風欽創垂（每歲嘉平月朔大屏盖王公及內外大臣，盖敬遵皇考時成例也）。斂福因之皆闡福（寺名，是日依例于是拈香，亦協迓喜、斂福之義云），于時慎亦錫惟時。三層樓閣仍躬陟（寺後佛樓凡三層，今日仍依舊，登陟尚不覺勞，仰蒙昊贶，年逾八秩，實不敢不自強耳），八秩康強賴昊禧。似此四年歸政近，其能否曷敢言期。臣和珅敬書。

青玉和珅书御制嘉平月朔开笔之作板

清乾隆（1736～1795年）
长 22.5 厘米　宽 13.5 厘米　厚 2 厘米

◆　青玉质，色泽莹润。玉板开料平整，琢磨精细，抛光极好。板面阴刻楷书和珅书御制诗："御制嘉平月朔开笔之作。嘉平吉朔欣开笔，皇考家风钦创垂（每岁嘉平月朔开笔书福以赐王公及内外大臣，盖敬遵皇考时成例也）。斂福因之皆阐福（寺名，是日依例于是拈香，亦协迓喜、斂福之义云），于时慎亦锡惟时。三层楼阁仍躬陟（寺后佛楼凡三层，今日仍依旧，登陟尚不觉劳，仰蒙昊贶，年逾八秩，实不敢不自强耳），八秩康强赖昊禧。似此四年归政近，其能否曷敢言期。臣和珅敬书。字体琢刻细致规整，行文疏朗，书风甜润

御製嘉平月朔開筆之作

嘉平吉朔欣開筆
皇考家風欽羽垂
每歲嘉平月朔開筆書福以賜
王公及內外大臣蓋敬遵
成例也
斂福因之謁閣福
香寺亦名協近禧斂福之是日後佛樓令三層
於時慎亦錫惟時三層樓閣仍躬陟凡三層樓
云
日仍依舊登陟尚不覺勞不仰蒙不自強耳八表康強賴
昊禧似此四年歸政近其能否昌敢言期

臣和珅敬書

碧玉雕花大吉葫芦镶嵌件

清光绪（1875～1908年）

长 21.8 厘米　宽 12.5 厘米　厚 0.7 厘米

◆　碧玉质。该器整体呈葫芦形，背面光素，上部雕饰蝙蝠；周围浮雕葫芦及藤蔓；葫芦形牌上雕刻"大吉"二字，字口描金。"葫芦"和"福禄"谐音，寓意吉祥；葫芦多子，借喻子孙繁衍，多子多福，子孙万代。此为室内装饰镶嵌件。

白玉童子洗象小座屏

清乾隆（1736～1795年）
长14厘米　高20厘米　厚6厘米

◆　白玉质。该器为座屏式样，由底座
和屏芯组成。屏风顶部雕饰祥云，屏芯
主体纹饰为童子洗象，大象低身俯首，
形态灵动，童子手持洗具，憨态可掬。
莲瓣纹底座上雕饰祥云纹饰。该器运用
圆雕和高浮雕的技法，刀法娴熟，抛光
细腻。洗象纹饰有"洗象更新"之寓意。

白玉寿星

明（1368～1644 年）

长 8.2 厘米　宽 3.5 厘米　高 12.5 厘米

◆　白玉质。整料雕琢，采用圆雕技法
雕琢寿星，笑颜弯眉，长耳垂肩，美髯
齐长，宽袍大袖，衣袂飘逸，正一手捧
仙桃，一手抚摸童子头顶；童子立于寿
星身前，拄着拐杖，面露微笑；另一侧
有一鹿依附在寿星身旁，半立半卧，昂
首望向仙桃；纹饰雕琢精细，须发自然，
褶皱清晰。该器玉质莹润，设计巧妙，
雕工精细，抛光极好，配木座。童子、鹿、
寿星寓意"福""禄""寿"。

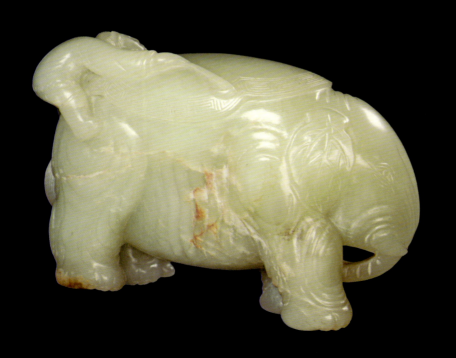

青白玉童子洗象

清乾隆（1736～1795年）

长 11.9 厘米　宽 5.6 厘米　高 9.3 厘米

◆　青白玉质，有绺裂。整料雕琢，采用圆雕技法雕琢象形。立象回首卷鼻，体态肥硕，神态怡然。两童子一人爬于大象背，一人手持如意立于大象身侧。该器玉质莹润纯净，造型构思巧妙，雕工精细，颇具意趣。

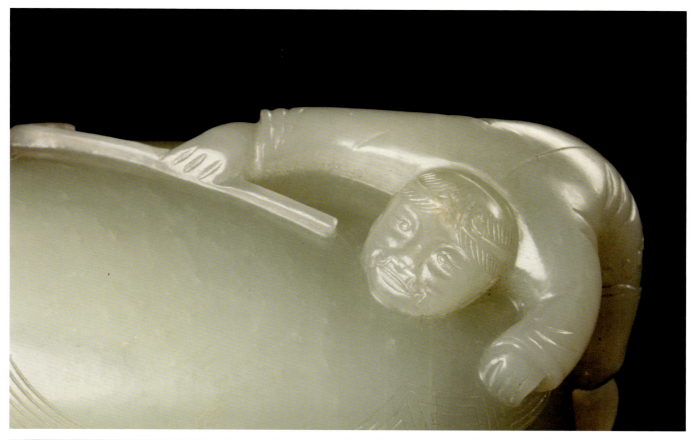

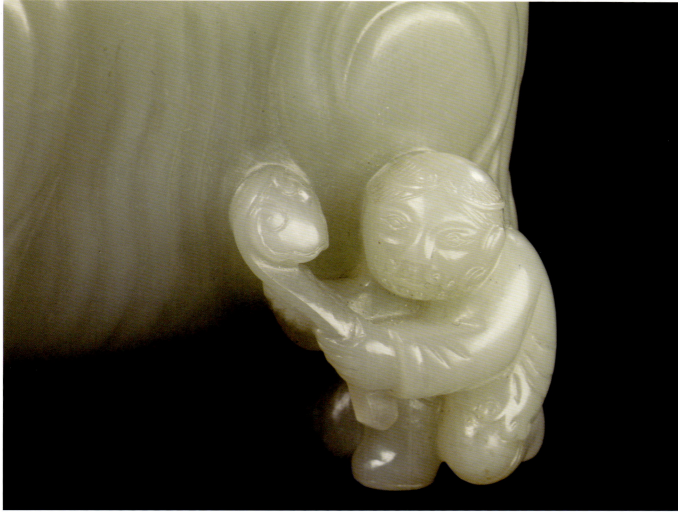

白玉天官赐福摆件

清乾隆（1736～1795 年）

长 7.5 厘米　宽 2.8 厘米　高 9.6 厘米

◆　白玉质。整料雕琢，天官立像雕刻神态怡然，束髻系带，五绺长髯，束带长衫，右手持如意；天官两侧各侍一童子，各持长卷一端。此摆件玉质温润，造型设计巧妙，雕工精湛，抛光极佳。农历正月十五日上元节，天官下降赐福。该器寓意天官大帝把美好的生活赐予人间。

白玉巧雕鹿皮孝子

清乾隆（1736～1795年）

长 4 厘米　宽 3.4 厘米　高 7.6 厘米

◆　白玉质，带黄皮。圆雕童子，头梳
双髻，表情生动，一手握着提篮，置于
身前，一手拎着兽皮，披于身后；衣饰
纹理清晰，线条流畅，动作自然。该器
玉质光洁温润，俏色巧雕，构思新颖，
雕工精细，抛光极好。此童子为二十四
孝故事《鹿乳奉亲》中的郯子，春秋时
期，其因父母年老，双眼患病，思食鹿
乳，故入深山鹿群之中，身披鹿皮，伪
装成幼鹿，取鹿乳以供亲，还险些被猎
人射杀，从此郯子孝名远扬。

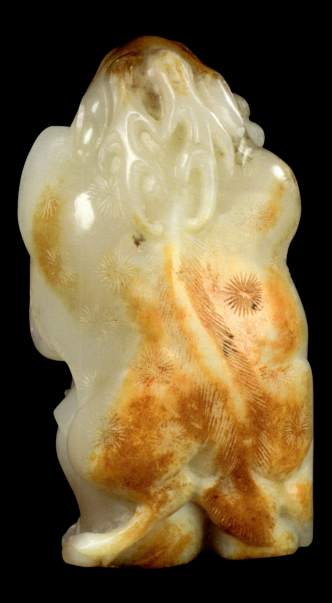

白玉佛像

清乾隆（1736～1795 年）

长 10 厘米　宽 5 厘米　高 15.6 厘米

◆ 白玉质。整料雕琢，采用圆雕技法雕佛祖坐像，佛像螺发，大耳垂肩，慈眉善目；身着袒胸袈裟，双手施禅定印，全跏趺坐姿。该器玉质莹润，造型匀称，雕工精细，抛光极佳。

青玉童子戏鹿摆件

清乾隆（1736～1795年）

长 8.3 厘米　宽 1.4 厘米　高 4.4 厘米

◆　青黄玉质。整料雕琢双童子戏鹿，一童子双手捧仙桃，回首；另一童子骑于卧鹿身上，双手扶鹿角，该器玉质莹润，雕琢精细，造型生动有趣。"桃"寓意"寿"，"鹿"与"禄"谐音，有子嗣福寿绵长且望子成龙之意。

082

白玉仙人摆件

清乾隆（1736～1795 年）

长 7 厘米　宽 3 厘米　高 8 厘米

◆　白玉质，略带黄皮。圆雕仙人，左
侧镂雕山石；仙人位于中部，额部皱纹
清晰可见，一手持杖，一手提花篮，阴
刻线条表现除了花朵及篮筐的花纹；右
侧仙童一手轻扶仙人，一手拿连环，表
情恭敬；底部雕云彩，似从人像脚边飘
过。该器玉质温润，构思巧妙，雕工精
细，抛光极好。

白玉持灵仙姑摆件

清（1644～1911 年）

长 4 厘米　宽 2.5 厘米　高 11.2 厘米

◆　白玉质，略带黄皮色。整料雕琢，采用圆雕技法琢一老妪，面容安详，头梳高髻，左手捧桃，右手持灵芝；衣裙处做巧色处理，垂坠自然；老妪右腿上扒一只顽皮的猴子，正是被灵芝与仙桃吸引而来。该器构思巧妙，雕工精细。

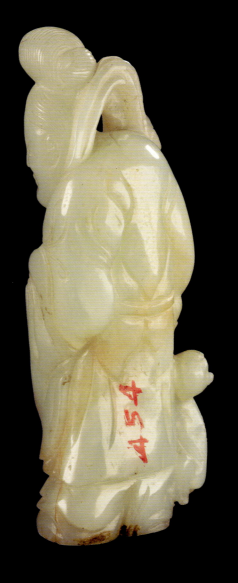

勾勒羽毛；双爪并合，收于腹下。此件
文物小巧精致，线条圆润，浑然天成。
鸡谐音"吉"，有吉祥、吉利之意。

白玉公鸡

明（1368～1644年）

长9厘米 宽4厘米 高7厘米

◆ 白玉质，略有褐色沁。整料雕琢，
公鸡呈卧姿，俯首回望，圆目短喙，鸡
冠耸起；翅膀丰满，尾羽上翘，以阴线
勾勒羽毛；双爪并合，收于腹下。此件
文物小巧精致，线条圆润，浑然天成。
鸡谐音"吉"，有吉祥、吉利之意。

青白玉双獾

清乾隆（1736～1795 年）

长 7.5 厘米　宽 3 厘米　高 3 厘米

◆　青白玉质。整料雕琢，采用圆雕、镂雕等技法，雕琢出伏卧双獾造型，身体交错，回头对望，口衔透雕缠枝花叶。该器玉质温润，造型巧妙，雕工精细。"獾"与"欢"谐音，"双獾"即"双欢"，有和睦之意。

尾自身后向上翻卷。该器玉质莹润，造
型活泼可爱，形象生动，雕工精细，抛
光极好。

白玉狮

清乾隆（1736～1795 年）

长 11.2 厘米　宽 7.5 厘米　高 6.3 厘米

◆　白玉质，有黄皮。圆雕卧狮，披发，
环眼，阔嘴，四肢伏于地，前肢抱绣球，
尾自身后向上翻卷。该器玉质莹润，造
型活泼可爱，形象生动，雕工精细，抛
光极好。

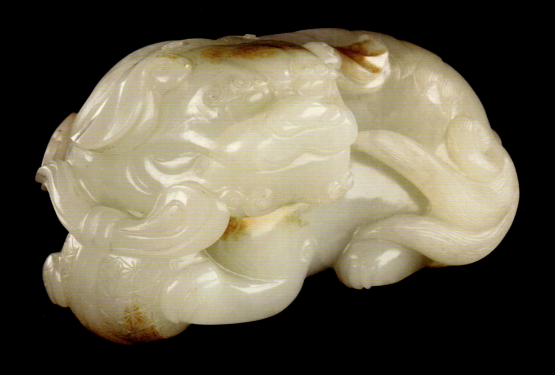

白玉三阳开泰

清乾隆（1736～1795年）

长 10 厘米　宽 5.5 厘米　高 4.5 厘米

◆　白玉质。圆雕三只羊造型，羊一大二
小，大羊侧卧于地，右前肢踏于地上，其
余三肢屈起收于腹下；其上卧伏两只小羊，
一小羊居前，侧头转向大羊，另一只小羊
紧伏于大羊身后。该器玉质莹润，雕工精
细，抛光极好，以三羊为饰，寓意"三阳
开泰"。

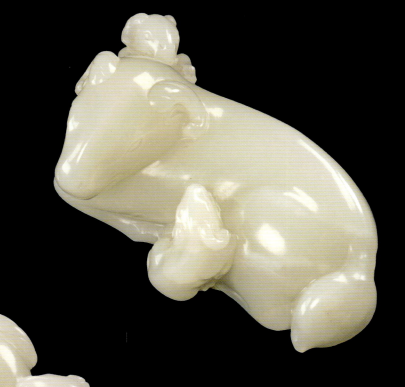

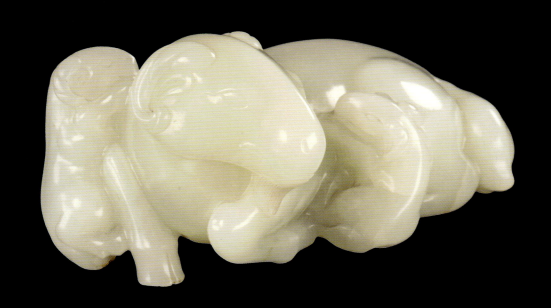

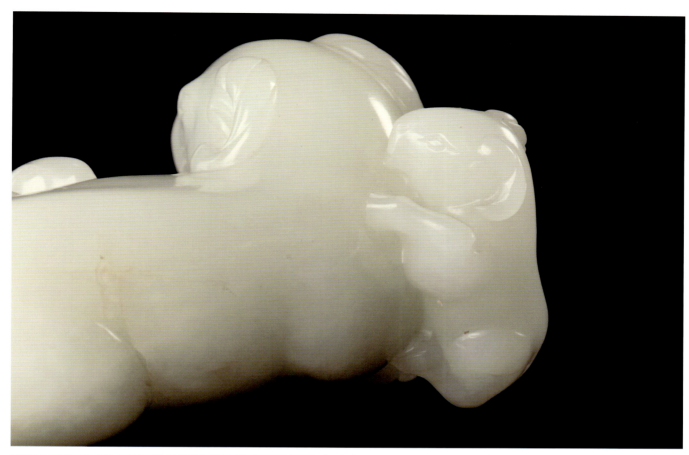

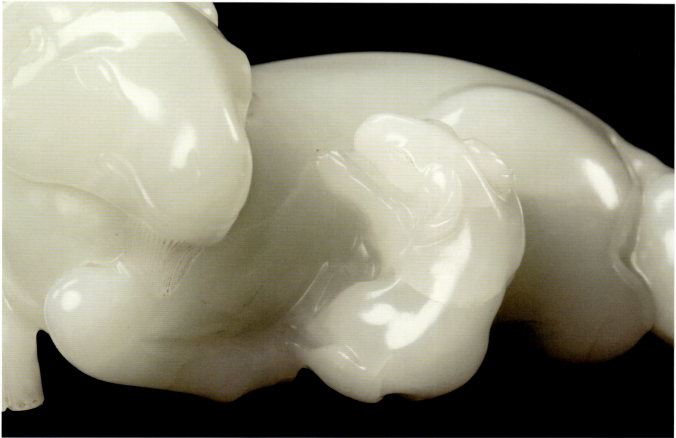

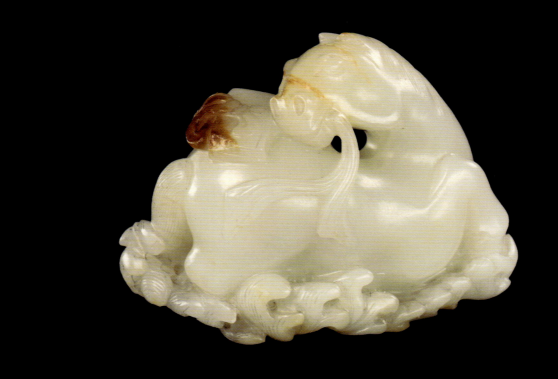

白玉龙马负图

清乾隆（1736～1795 年）

长 7.5 厘米　宽 3.5 厘米　高 6 厘米

◆　白玉质，带黄皮。整料雕琢，俏色巧
雕白马回头伏卧，背上负图书，踏于海浪
之上。该器玉质洁白温润，雕工精细，抛
光极好。西汉孔安国释《易经·系辞》中
语："河图者，伏羲氏王天下，龙马出河，
遂则其文，以画八卦。"

白玉瑞兽

清乾隆（1736～1795年）

长5厘米　宽2.2厘米　高3.6厘米

◆　白玉质。整料雕琢，呈异兽形，异
兽伏卧，回首，背驮瑞鸟。该器质地莹
润，造型简洁，雕工精湛，抛光极好。"异
兽"有"益寿"之意，寓意吉祥。

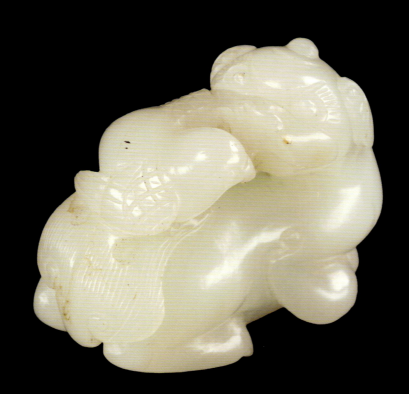

青玉卧牛

清乾隆（1736～1795年）

长58厘米　宽40厘米　高20厘米

◆　青玉质，有绺裂。用料硕大，构思巧妙，采用圆雕、线刻等技法，将玉绺巧做，置于牛蹄、口、腹身等部位，生动自然。卧牛团身、俯卧、回首，神态怡然，似在小憩。该器玉质温润，巧妙设计，雕工精细，线条洗练，抛光极好。

背嵚崟凸起，四肢雄健俯卧，长尾回卷。该器玉质温润，雕工精细，造型生动，抛光极好。

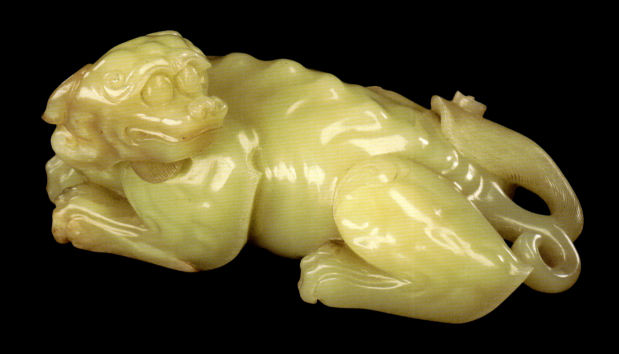

黄玉狻猊

清乾隆（1736～1795 年）

长 15 厘米　宽 7 厘米　高 8 厘米

◆　黄玉质。整料雕琢，采用圆雕、镂雕、线刻等技法，雕琢出俯卧回首狻猊；狻猊弯眉、圆睛、圆鼻、阔口、须发后卷，身背嵚崟凸起，四肢雄健俯卧，长尾回卷。该器玉质温润，雕工精细，造型生动，抛光极好。

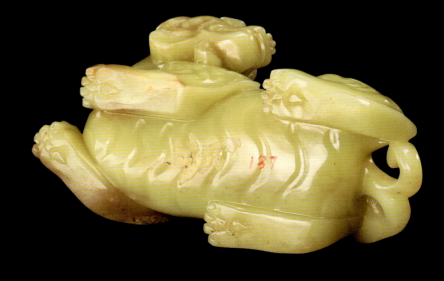

青玉瑞兽

清（1644～1911 年）

长 10.9 厘米　宽 5.5 厘米　高 4.7 厘米

◆　青玉质，有绺裂。整料雕琢，以圆
雕手法，雕出子母两只瑞兽，母兽头顶
独角，身似狮，作伏地状，侧生双翼，
背脊凸出呈浅齿状排列，四肢盘卧，爪
牙尖利；子兽圆润可爱，正趴在母兽怀
中撒娇，展现母子相携，嬉戏耍闹的温
情瞬间。该器玉质温润，雕工精细，抛
光极好。

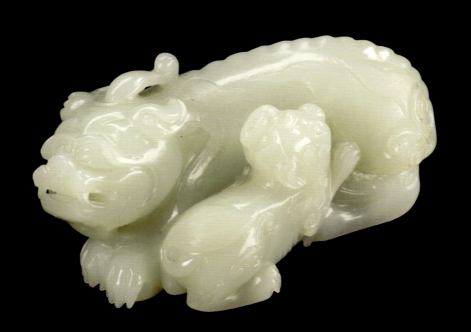

青玉瑞兽

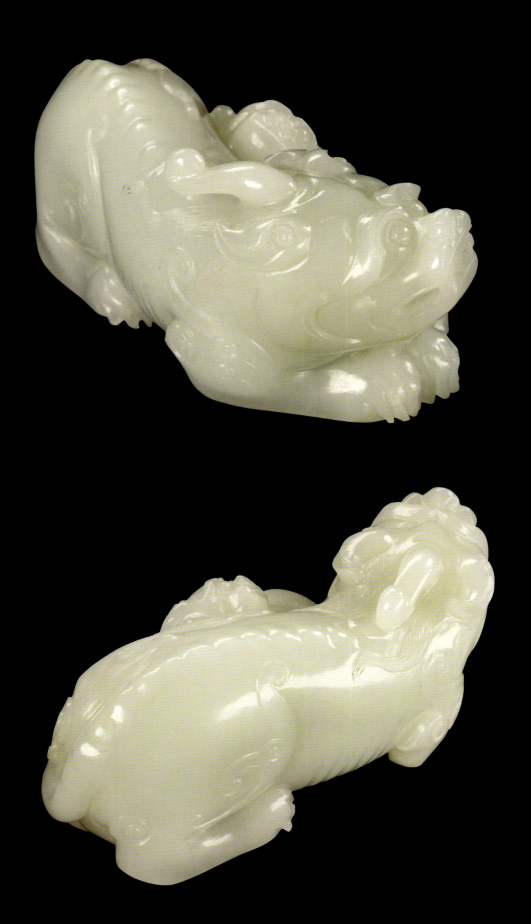

白玉梅石绶带花瓶摆件

清乾隆（1736～1795 年）
长 18 厘米　宽 5.4 厘米　高 13.3 厘米

◆　白玉质。该器玉料呈扁平形，下部宽，
上部窄。圆形盖顶，盖面光素。器身两侧
雕琢山石、绶带鸟和梅树，树干沿瓶体攀
援而上至肩部。幼枝上缀饰花朵和待放的
蓓蕾，枝干伸展生动自然。摆件彩用凸雕、
镂刻技法雕琢，纹饰布局精巧，雕工精细，
富丽典雅。

青玉荷莲

清乾隆（1736～1795年）

长 11 厘米　宽 8 厘米　高 4 厘米

◆　青玉质，略带黄皮。整料雕琢，底部巧妙雕刻荷叶，荷叶的边缘向外翻卷。器身雕琢莲叶包裹双莲蓬，莲蓬饱满，莲子凸出。该器玉质温润，雕琢细腻精致，形象生动，工艺精湛，颇具自然雅趣。

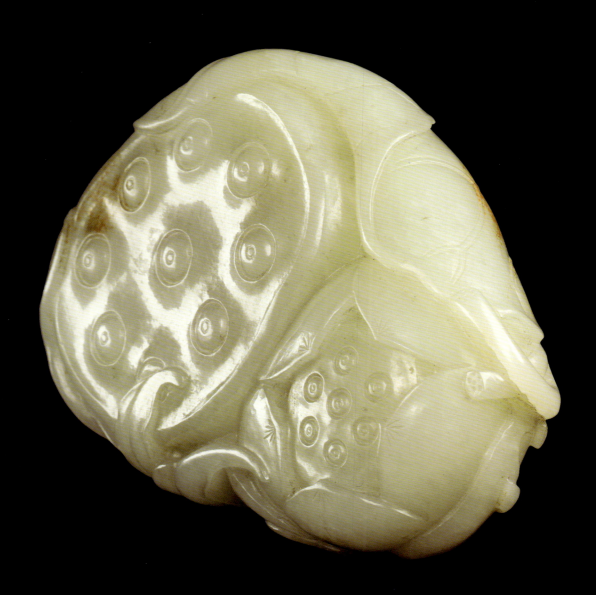

白玉万事如意

清乾隆（1736～1795 年）

长 5.4 厘米　宽 3.7 厘米　高 4.7 厘米

◆ 白玉质，带皮。整料圆雕，造型圆润，主体为柿子，枝叶蜿蜒附其上，枝首于柿顶变如意状，枝尾变为如意穗，并在如意穗前加饰"卍"字纹。该器玉质温润，造型精巧，雕工精细，抛光极好，配木座。此摆件取其"万事如意"之意。

白玉八仙如意

清乾隆（1736～1795 年）

长 48 厘米　宽 13 厘米　高 6 厘米

◆　白玉质，局部有黄褐色玉皮。首呈椭圆云头形，长柄，椭圆形尾；如意首、中腹、尾部分别浮雕中国传统八仙人物纹饰，八位仙人手持法器，神态各异；如意柄间隙雕刻有蝙蝠、磬和鱼等纹饰，寓意"福庆有余"。该器玉质莹润，纹饰雕刻细腻，线条流畅，人物形象生动逼真。

白玉八仙如意

白玉福禄寿如意

清道光（1821～1850 年）

长 44 厘米　宽 11.5 厘米　高 5.5 厘米

◆　白玉质。以整块白玉雕琢而成，质地光润，首呈云头形，雕福禄寿三星；中腹皆雕有仙人纹饰；柄上雕饰流云纹；尾部雕饰东方朔偷桃，有象鼻孔，挂黄色穗子;该器造型优美，雕工精细，抛光较好。

青玉百宝嵌三多纹如意（一对）

清光绪（1875～1908年）
长 34.5 厘米　宽 8.7 厘米　高 4.8 厘米

◆　成对，青玉质。同料雕琢，云头形首，长柄；如意头及长柄镶嵌珊瑚、翡翠、青金石、芙蓉石等各种玉石，装饰出蝙蝠、佛手、石榴、寿桃；首、柄之间雕饰方胜纹；如意柄上青金石嵌饰出"南山千载瑞""沧海万年春"字形；如意柄末端雕饰蝙蝠纹，镶嵌彩石；蝙蝠口有孔，挂黄色穗子；如意背线刻佛手、寿桃、石榴纹饰，纹饰描金。该器造型优美，雕工精细，装饰华丽，寓意吉祥。

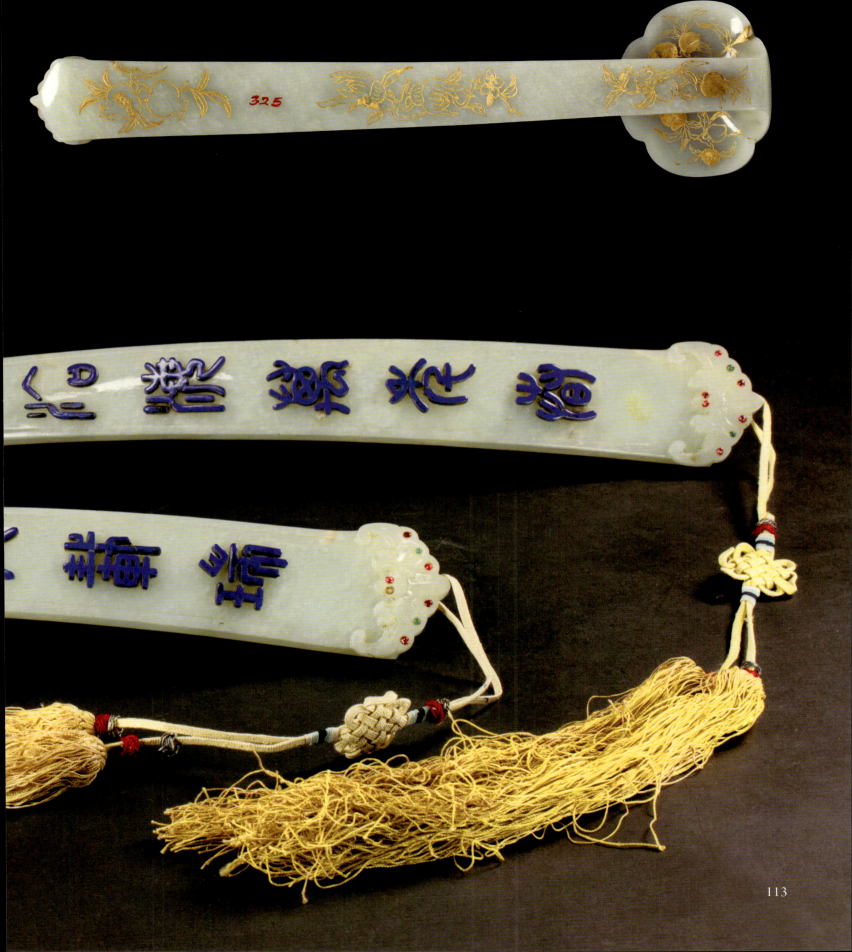

白玉人物如意

清（1644～1911 年）

长 45 厘米　宽 12 厘米　高 5 厘米

◆　白玉质。整料雕琢，云头形首，长柄，尾有牛鼻孔，挂黄色穗子；如意头，减地浮雕山景，山间有一仙翁，回首与小童相望交谈，人物神态生动；如意柄中腹、尾部浮雕山石、古柏苍松，并有仙翁、小童徜徉其间，惟妙惟肖。该器玉料上乘，晶莹细腻，琢工精细，抛光极好。

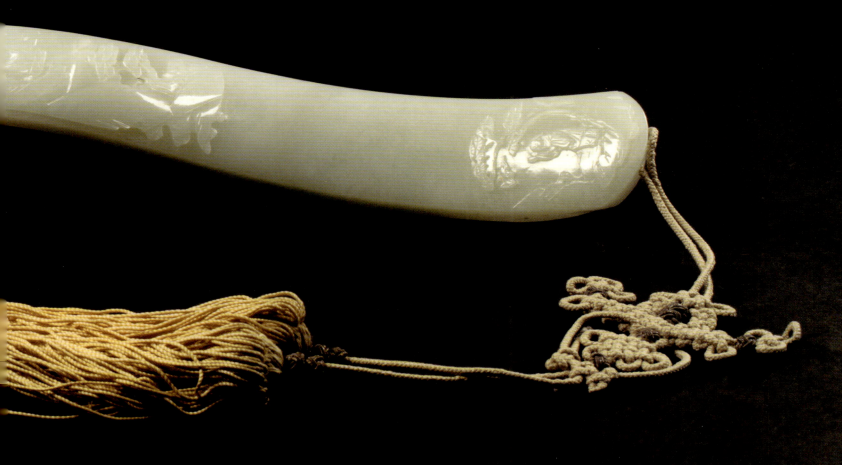

翡翠灵芝如意

清（1644～1911 年）
长 27 厘米　宽 4.9 厘米　高 3.5 厘米

◆　翡翠质，微带黄、绿、紫色，有绺裂。整料雕琢，灵芝形首，
曲线形长柄；柄、尾雕饰小灵芝，尾系黄穗子。该器造型优
美，巧色巧雕，雕琢精细，自成天然之趣，寓意长寿如意。

翡翠灵芝如意

白玉百宝嵌木柄如意

清（1644～1911 年）

长 23 厘米　宽 1.8 厘米　高 5.5 厘米

◆　白玉质，木柄。灵芝形首，雕饰榴开
百子、团寿、蝙蝠纹。木柄雕刻成枝干缠
绕，镶嵌砗磲、玛瑙、金星石等彩石，每
块彩石都雕刻成灵芝形状，大小不一；木
柄尾部系黄穗子。整器造型奇特，构思巧
妙，线条优美，装饰华丽，生动自然，寓
意多子、多福、多寿。

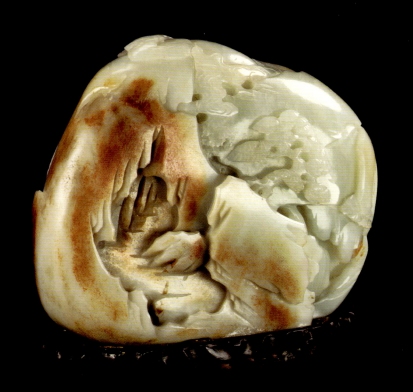

白玉山水人物山子

清乾隆（1736～1795年）
长15厘米　宽5.8厘米　高14厘米

◆　白玉质，有黄褐色玉皮。该器整料雕琢，山子上圆雕人物山景，并采用深雕、凸雕等技法琢出山间溪流、松树；一童子泛舟于山水间。全器雕工精细，构图合理，景物比例适当，透视感强。

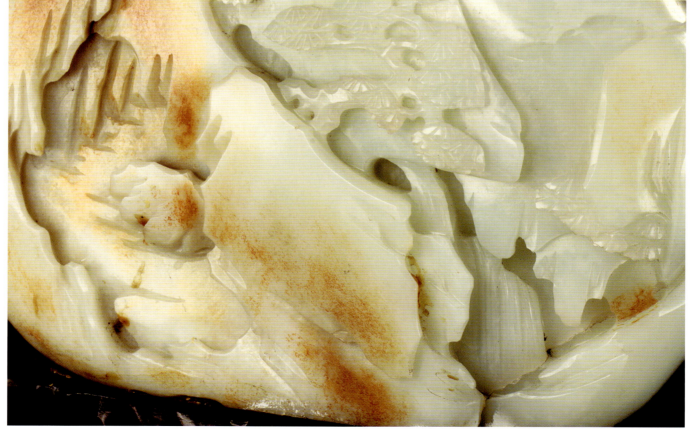

白玉渔樵耕读图山子

（一对）

清乾隆（1736～1795 年）
渔樵图：长 10 厘米　宽 5.5 厘米
高 13 厘米
耕读图：长 10 厘米　宽 5 厘米
高 14.6 厘米

◆　白玉质，局部有橘黄色玉皮，成对。该对山子均为籽料随形雕琢。

渔樵图以浮雕透雕等雕刻技法琢刻出群山、苍松、亭台，近处两渔夫正在忙于编鱼筐，远处半山腰松树下樵夫弯腰捆柴；耕读图以浮雕、透雕等雕刻技法琢刻出群山、苍松、亭台、小桥，近处两小童手持鞭子赶牛过桥，远处半山腰亭台上一儒士手持书卷正在读书。

◆　二图随形巧雕，借用中国传统绘画中远山近景的技法，层次分明，人物琢刻栩栩如生。该器玉质洁白、莹润，雕工精细，抛光极好。

渔樵图

耕读图

白玉三星庆寿山子

清乾隆（1736～1795年）
长12厘米　宽9厘米　高14厘米

◆　白玉质。山子整料雕琢，正面上部雕
刻西王母捧寿及仕女，下部雕刻福禄寿三
星；背面雕刻松柏、仙鹤、鹿，寓意长寿，
此为福、禄、寿三星为西王母庆寿情景。
该器玉质莹润，雕工精湛，抛光较好。

茶出此山蘆嵼　　　　　　　　　　　不聞　　　　　　出良

玉泉指古　　　　　　絕嶺來　　　　　　　　　　　　　草莫

東來福菅　制　　　安　　　孫　　　　故之　　　　　庭應

玉河毒勞玉　和闐　　計供　　　歲　　　　音自

糧飽餐所是宿　　　瑜瞻

特蓬郎侍奉庭笑

及韋應物采玉行即用其韻二首

乾隆甲申仲夏月御製

青玉御制诗籽料

清乾隆（1736～1795 年）

长 30 厘米　宽 22.5 厘米　高 12.5 厘米

◆ 青玉质，有黄皮和裂纹。整料圆润饱满，通体光素未经雕琢，简洁质朴。阳面随形刻隶书乾隆御制诗《反韦应物＜采玉行＞即用其韵二首》，并加刻"几暇怡情""得佳趣"篆文印章两枚，足见乾隆皇帝对其之珍爱。据档案记载，该籽料原为仁寿殿陈设。

今古此蓝黯不聞出艮
玉采者向絕嶺來之草
莽宿蒼韻制字後故應
思發哭和聞供藏貢自
玉河每撈玉計倿賭之
糧飽餐而晏宿瑾自
特逢郋诗秦庭笑
反韋應物采玉行即用其韻二首
乾隆甲申仲夏月御製

129

佩饰

颐和園

白玉苍龙教子带饰

明（1368～1644 年）

长 7 厘米　宽 5.2 厘米　厚 1 厘米

◆　白玉质，带黄皮。高浮雕一大一小
两条螭龙，其中小螭盘成环形，大螭头
部与小螭的尾部、身部相接，皆为圆眼、
大鼻、身体细长、尾部卷起。背面阴刻
线条刻有两朵祥云和两珠盆栽灵芝纹。
该器为明代常见带饰题材，多用于镶嵌
带扣使用。该器玉质温润，雕工精细，
抛光极好。

白玉福寿齐眉

清乾隆（1736～1795 年）

长 6 厘米　宽 4.2 厘米　高 2.5 厘米

◆　白玉质。整料雕琢，形态以寿桃为主
体，折枝梅花附其上，梅枝上另附蝙蝠和
荸荠。该器玉质莹润，构思巧妙，雕工精细。
取寿桃"寿"意，取蝙蝠、荸荠、梅花与
"福""齐""眉"之谐音，成"福寿齐眉"
之意。

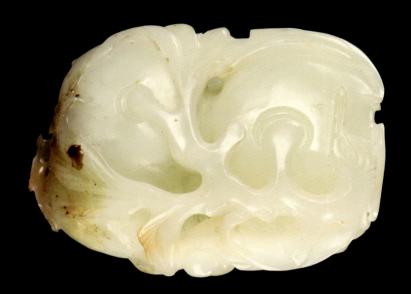

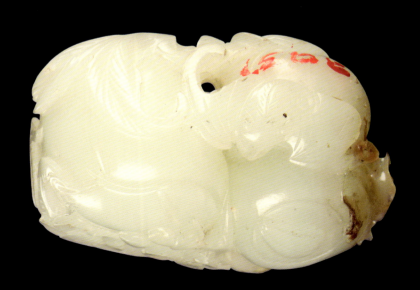

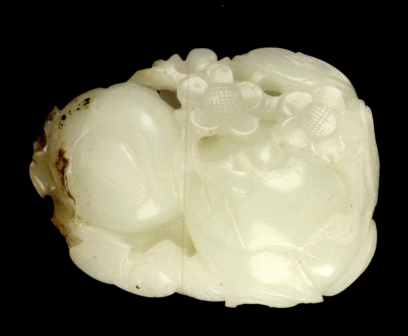

白玉双童戏蝉转心佩

清乾隆（1736～1795 年）

长 5.3 厘米　宽 5.3 厘米　厚 1 厘米

◆　白玉质。该器整体呈圆形，中间雕刻蝉，两侧各雕一童子。采用透雕、线刻等技法，二童子作活芯，可左右旋转，雕工精湛，造型奇妙，玉质莹润，抛光较好。蝉居于高树枝上，食洁净之露水，声音响亮，用来代表君子高瞻远瞩，一鸣惊人。童子佩蝉又有聪明之意。

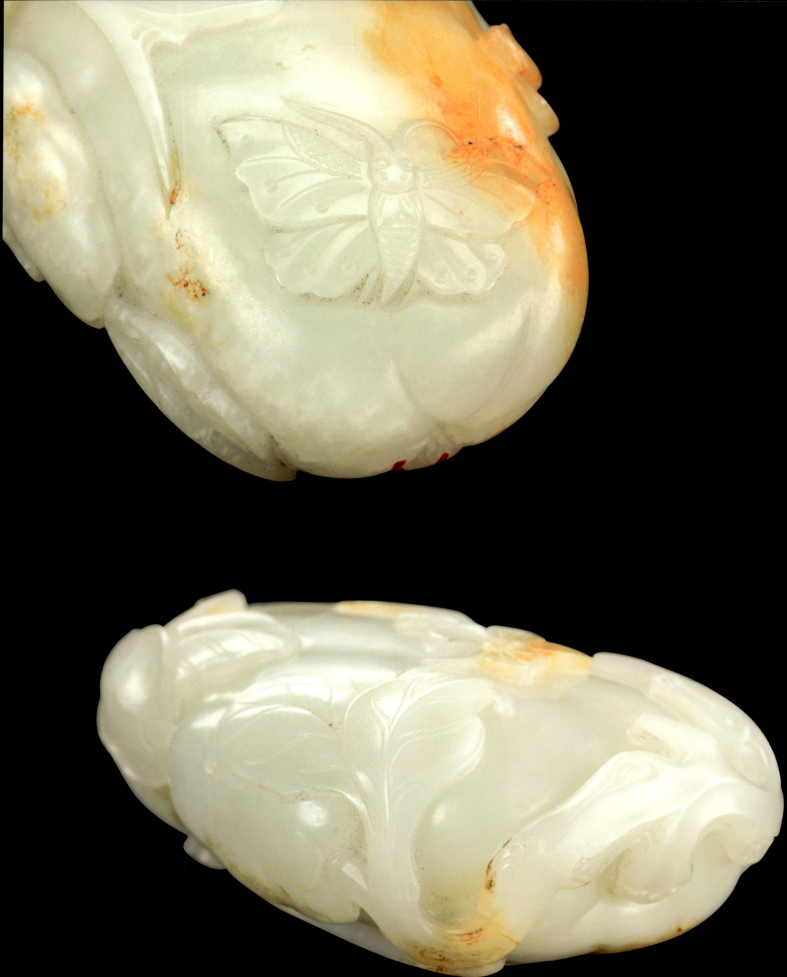

用典出自《诗经·大雅·绵》："绵绵瓜瓞，民之初生"，比喻子孙繁衍，相继不绝。

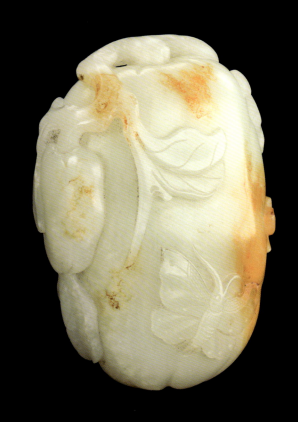

白玉瓜瓞绵绵

清乾隆（1736～1795 年）
长 4.5 厘米　宽 2.5 厘米　高 6.1 厘米

◆　白玉质，略带黄皮。整料雕琢，圆雕呈瓜形，整体呈扁平状，一枝多瓜，四周藤蔓环绕，一只蝴蝶停于大瓜之上。该器玉质温润，雕工精细，抛光极好。"瓜蝶"与"瓜瓞"谐音，用典出自《诗经·大雅·绵》："绵绵瓜瓞，民之初生"，比喻子孙繁衍，相继不绝。

是富贵的象征。同时因葫芦藤蔓绵延，

结子繁多，也有祈求子孙万代的寓意。

青玉福禄万代

清乾隆（1736～1795 年）

长 6 厘米　宽 3 厘米　高 7.5 厘米

◆　青玉质。圆雕呈葫芦形，有两个体
量较小的葫芦分别与大葫芦的两侧相
连，藤蔓环绕。该器玉质温润，雕工精
细，抛光较好。"葫芦"与"福禄"谐音，
是富贵的象征。同时因葫芦藤蔓绵延，
结子繁多，也有祈求子孙万代的寓意。

器皿

颐和园

白玉饕餮纹四足方鼎

明（1368～1644 年）

长 13.6 厘米　宽 8.1 厘米　高 13 厘米

◆　白玉质。仿青铜鼎形，鼎身呈长方体形，八出戟，采用浮雕、透雕、阴刻技法，四面饰饕餮纹，四足与器身粘接组成，配以木座和玉顶木盖，为明代仿青铜器之佳作。

白玉"子冈"款兽面纹
龙耳簋

明（1368～1644 年）

长 12 厘米　宽 7 厘米　高 7 厘米

◆　白玉质，有绺。仿青铜器簋造型，深膛，
圆撇口，圈足。饰龙耳一对，器身雕仿古兽面
纹饰。足底阴刻篆书"子冈"款。该器风格粗犷，
小器大作，器身多处有绺，更添几分古意。

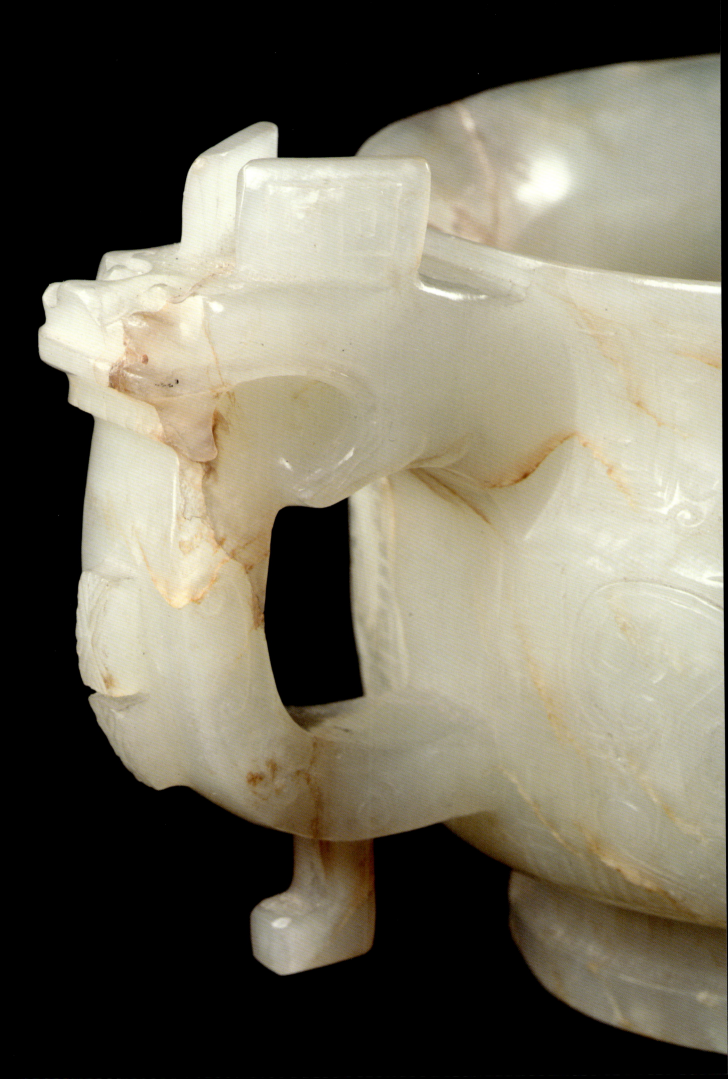

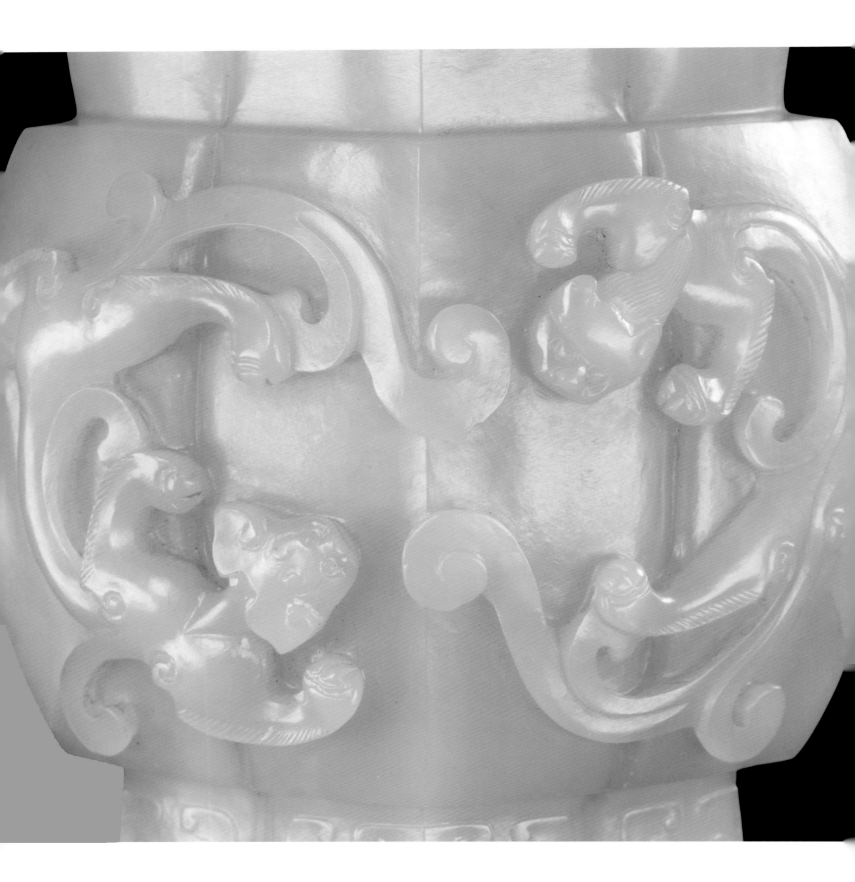

白玉螭纹觚

清乾隆（1736～1795 年）

长 14 厘米　宽 9.9 厘米　高 23.2 厘米

◆　白玉质，局部有黄皮色。该器呈海棠
形，分为上中下三部分。上部为敞口，口
沿外阴刻回纹，肩部浅浮雕变形云头纹。
中部为觚腹，微微外凸，四面高浮雕螭龙
纹。下部与上部对称但略短细，浅浮雕变
形蕉叶纹和如意头纹，近足处阴刻回纹。
明清时期觚多作为室内陈设，觚内或插花
枝，或插如意及博古挂件。此器造型秀美
挺拔，纹饰精细工整，颇有青铜器古朴之感。

水晶兽面纹觚

清（1644～1911 年）

直径 12 厘米　高 21.5 厘米

◆　水晶质。觚为海棠式，椭圆形，侈口，鼓腹，圈足。颈与足以阴线刻蕉叶纹和云雷纹。腹部减地浮雕兽面纹。该器造型优美，古朴雅致，较为罕见。

白玉八螭献瑞觥

明（1368～1644年）

长13厘米　宽7厘米　高16厘米

◆　白玉质。仿犀角杯形，中空，不规则椭圆口。雕琢纹饰分三层，上部浮雕螭纹，中部一周浅浮雕龙纹，下部凸雕龙纹。龙之双角构成器足。整体构思巧妙，雕工细致精湛，抛光极好。

碧玉螭纹觥

清乾隆（1736～1795 年）

长 7.5 厘米　宽 6.2 厘米　高 11.7 厘米

◆ 碧玉质。整料雕琢，仿犀角杯形，器呈上宽下窄的不规则柱形，中空，上部镂空雕蟠螭纹。下部凸雕龙头，龙发上披于器另一侧，龙角构成器足。构思巧妙，雕工细致精湛，抛光极好。

白玉人物松柏蕉叶纹活环扁壶

清乾隆（1736～1795 年）
长 8.2 厘米　宽 2.5 厘米　高 19 厘米

◆　白玉质。该器由盖和器身组成，子母口相合。盖上素纽凸起，直口束颈，壶身扁长，溜肩，长腹，腹部下收。颈饰蕉叶纹，颈侧饰龙纹双耳，耳配活环。器身雕人物、松柏等纹样。该器器形规整，做工精细，线条流畅，典雅大方。

156

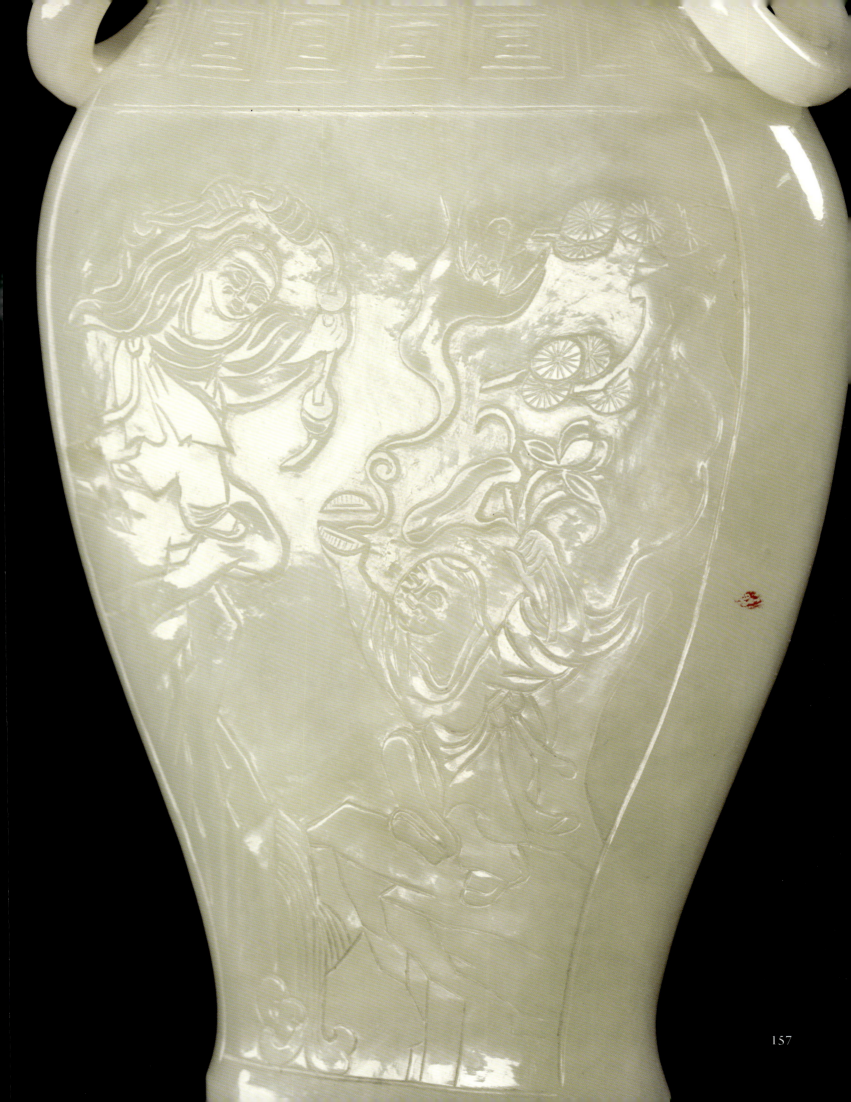

白玉龙纹活环扁壶

清乾隆（1736～1795年）

长 11.7 厘米　宽 4.2 厘米　高 29 厘米

◆　白玉质。该器由盖与器身组成，折肩，深腹，圈足。盖饰云雷纹，盖纽为短提手状，左右各饰活环。平口，束颈，饰蕉叶纹，颈侧饰环形兽耳，耳配活环。腹中饰龙纹，腹下饰莲瓣纹。此壶器形端庄周正，玉质莹润，造型别致，典雅秀丽，线条流畅，工艺精湛。

"大清乾隆仿古"款青玉龙纹象耳双环扁壶

清乾隆（1736～1795 年）

长 19 厘米　宽 12 厘米　高 38 厘米

◆ 青玉质。直口，束颈，腹下收，圈足。口下刻蕉叶纹，颈部两侧各雕一象首形耳，象鼻卷曲，下附活环腹部饰兽面纹，壶底椭圆形圈足，底刻隶书"大清乾隆仿古"款。整件器物雕工讲究，造型典雅古朴，颇有青铜器风格。

白玉龙柄莲瓣纹壶

清嘉庆（1796～1820 年）
长 20 厘米　宽 12 厘米　高 13 厘米

◆　白玉质，局部有黄皮色。该器由盖
和壶身配套组成，盖和壶身有子母扣。
盖顶为宝珠形纽，壶盖和壶身腹部有莲
瓣纹。龙形柄，鼓腹，圈足。该器玉质
温润，雕工精湛，造型雅致，抛光极好。

青玉雕花螭耳扁瓶

明（1368~1644 年）

长 17.5 厘米　宽 3 厘米　高 9.5 厘米

◆　青玉质。扁瓶直口，长颈，双螭耳，圆肩，下腹内收，圈足直斜。以阴刻、透雕、浅浮雕等技法琢制而成。唇口饰倒三角纹，颈部蕉叶纹，双螭曲肢摆尾，腹部线刻花卉四种，两侧腹各勾勒灵芝一丛，圈足仰莲。造型古拙，玉质温润，装饰技法简洁。

白玉兽面纹双环瓶

清乾隆（1736～1795 年）
长 13 厘米　宽 8 厘米　高 29 厘米

◆　白玉质。瓶体扁圆，由器盖和器身组成。小口，丰肩，鼓腹，下腹内收。颈部对称雕饰龙耳一对，口衔活环。中、下腹部以减地阳起的技法琢制兽面纹、蝙蝠纹。整器玉质纯净莹润，雕磨精细周到，可谓良材良工，相得益彰。

白玉山居图双环瓶

清（1644～1911年）

长 10.7 厘米　宽 6 厘米　高 16.9 厘米

◆　白玉质，有绺裂。该器由瓶盖、瓶身两部分组成，方瓶式，方口，直径，宽腹。盖顶为绳纹纽，面刻蕉叶纹。瓶、盖交接处阴刻对三角纹。瓶颈饰蕉叶纹，两侧透雕双龙耳，衔活环。腹部圆垂，浅浮雕山居图，深山幽林处，忽逢一重檐楼阁，仙气缭绕。方形圈足环饰云雷纹。此瓶造型典雅，雕工精细，风格古朴，颇具文人气息。

碧玉番莲纹炉、瓶、盒香事三供（一组）

清乾隆（1736～1795年）

炉：长16.8厘米　宽9.6厘米　高15厘米
瓶：长4.5厘米　宽2.6厘米　高12.2厘米
盒：长6.8厘米　宽5.8厘米　高3.5厘米

◆　炉，碧玉质，局部有黑色斑点。该器呈方形，盖上镂雕趴伏状螭龙，脚下雕螭龙，两侧雕有二螭首耳，耳衔活环。炉体为四柱形，底足收敛。器身雕螭龙、番莲、团寿纹。此器造型庄重，刻工精细，为焚香道具，属仿古器佳作。

瓶，碧玉质。瓶身略扁，呈椭圆形，口分四瓣，口下饰回纹。细颈，颈部雕变形蝉纹。腹部雕番莲纹。该器造型别致，雕工细腻，纹饰优雅，灵巧生动。瓶内原有铜香铲、香箸一套。

盒，碧玉质。此盒呈圆角长方体形，盖面开光，内饰浅浮雕花卉缠枝纹样。侧壁盖口相合处饰回纹。为存贮香料的盛具。

白玉荷花活环活底三足炉

清乾隆（1736～1795 年）
长 17.5 厘米　宽 15.5 厘米　高 5.5 厘米

◆　白玉质。炉口圆形，深腹，双耳衔
活环，三足。器身浅浮雕池莲纹，两耳
雕琢呈蜻蜓形，衔素活环，器为活底，
可揭取，三足形似如意头。器形古朴，
雕工精细，玉质温润，抛光极好。

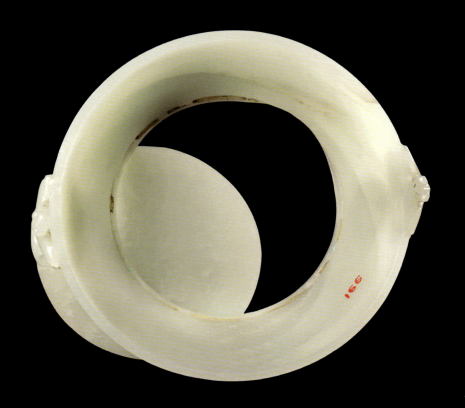

白玉兽面纹双耳花熏

清乾隆（1736～1795 年）
长 8.5 厘米　宽 4.3 厘米　高 4.1 厘米

◆　白玉质。该器由盖和器身组成，身
和盖均呈花瓣形，花口平折，镂雕双兽
耳，平底，下承三兽足。盒盖透雕一周
镂空纹饰，透雕龙纹纽；该器玉质温润，
雕工娴熟讲究，构思巧妙独特。

白玉六环双凤尊

清乾隆（1736～1795 年）

长 20 厘米　宽 10 厘米　高 19 厘米

◆　白玉质。该器由盖和身组成。纽顶雕四只蝙蝠，盖雕饰蕉叶纹和四个如意式系，系垂活环。尊身雕琢双凤和磬纹。凤首下坠活环。此器采用圆雕、镂雕、透雕、线刻等技法，造型精巧，玲珑雅致，琢磨细致，抛光精良。

白玉活环梅花耳盖罐

清乾隆（1736～1795 年）

直径 13.7 厘米　高 25.5 厘米

◆　白玉质。该器由盖和瓶身组成，小口，折肩，长腹下收，圈足。盖为狮形纽后配。肩部两侧雕梅花形耳，耳为梅花活环。瓶腹部浅浮雕梅花。整器玉质莹润，造型典雅，雕工精细，抛光极好。

青玉盖碗

清乾隆（1736～1795年）

直径16厘米　高10.6厘米

◆　青玉质。该器由盖和碗身组成，为同
料所制。盖呈圆形，圆环形纽，盖比碗口
略小。碗为圆唇口，外撇，深腹下收，圈
足。盖碗玉质莹润，器形规整，造型简洁，
弧度圆润柔美，通体光素，做工精细，胎
体薄厚均匀，风格典雅。

青玉御题七佛钵

清乾隆（1736～1795年）

直径 24 厘米　高 14.6 厘米

◆　青玉质，玉质温润，色泽淡雅。器呈圆形，口微内敛，体形厚重。钵外壁浮雕一周共七尊佛像，其间镌刻每尊佛的佛号、佛谒。内壁刻御制诗文，字体端庄凝练，潇洒秀丽，字口填金。佛像均为结跏趺坐，双手叠置膝上，眼帘低垂，宝相庄严。其背光为浅浮雕，佛像为高浮雕，恰到好处地突出了纹饰立体感。半圆形的佛座莲台，适应器下部的曲面形态，视觉效果颇佳。内壁刻有乾隆御题诗《题

和阗玉七佛钵》，记载七佛钵的来历，其诗曰："帝青石钵日休诗，开元寺藏久然疑（苏州开元寺佛钵，见皮日休诗序，云帝青石作，丁丑南巡，索观则陶器，而非帝青石，盖时代变迁焉，知不出于寺僧作伪，向屡有诗辨讹）。因以伽楠重肖刻，佛号佛偈明镌题（开元佛钵虽非帝青石，而形制古雅，回跸后命良工选伽楠香，肖其制，为之上刻七佛号并佛偈。七佛者，第一毗婆尸佛、第二尸弃佛、第三毗舍浮佛、第四拘留孙佛、第五拘那含牟尼佛、第六迦叶佛、第七释迦牟尼佛，均一一镌题钵上。兹复以伽楠香不若玉之坚，因复刻此和阗玉钵，永为供奉云）。无号为空称号有，有空于佛胥弗取。乃今并偈各注明，此义与佛差别否。复因木脆玉实坚，图其坚乃琢和阗。岂弗愈去斯愈远，七佛无语笑辗然。乾隆丙午秋御题。"章："古稀天子""犹日孜孜"。

上图　钵外壁浮雕佛像及佛号、佛谒

下图　钵内壁乾隆御题诗《题和阗玉七佛钵》

帝右日青鉢日

休詩開元寺

蔵文然題元寺

開皮元寺佛

元云帝南青鉢詩

序作丁五帝青石

向非觀代出邊遷

盖時不偽青陶器遷

高知作辯出於石

市僧詩作向遷論

憂有詩知時重

四以伽梅佛

肖剌佛號開

昌胸鐫題開佛

碧玉盖碗

清（1644～1911 年）
直径 12 厘米　高 6 厘米

◆　碧玉质，有褐斑和绺。该器由盖和
碗身组成。盖呈圆形，圆环形捉手，唇
边，盖比碗口略小。碗为圆唇口，外撇，
深腹下收，圈足。盖碗玉质莹润，器形
规整，造型简洁，弧度圆润柔美，通体
光素，做工精细，胎体薄厚均匀，风格
古朴。

佛鉢石雖非

古雅過伽後製

命良上選踝製伽

楠者并其剋第七佛一偈七

為號之香尸婆佛尸浮佛佛第第第一

毘尸佛第四舍棄佛拘留孫佛弟

二第五拘那那孫佛弟

合釋迦迦葉佛弟不復鑄尼弟

六年上一兹香堅香因不闌因供

七佛楠之題以玉此鉢永為供

復王奉鉢無號為空

若無號有有空

禪師有號空

碧玉盘

清乾隆（1736～1795 年）

直径 24.7 厘米　高 4 厘米

◆　碧玉质。此盘造型规整，口沿外撇，腹部渐收，底为圈足。该器玉质光泽莹润，翠色深沉，通体光素无纹，壁薄体轻，抛光精良，线条流畅优美。

白玉描金菊纹盘

清嘉庆（1796～1820 年）
直径 26 厘米　高 4.6 厘米

◆　白玉质。此盘造型规整，口沿外撇，腹部渐收，底为圈
足。盘内外壁皆雕刻形态各异的菊纹，花纹描金；该器玉质
光泽莹润，壁薄体轻，抛光精良，线条流畅优美。菊与梅、兰、
竹被称为四君子，因此菊纹深受文人的喜爱。

白玉灵芝杯

清乾隆（1736～1795 年）

长 11 厘米　宽 5.5 厘米　高 7.5 厘米

◆　白玉质。整料雕琢，造型为一朵灵芝，掏膛为杯心，外壁雕琢枝叶和小灵芝纹。该器玉质洁白温润，构思奇巧雅致，新颖独到，琢磨精细，玲珑剔透，为一件俏丽奇巧的玉雕佳作。

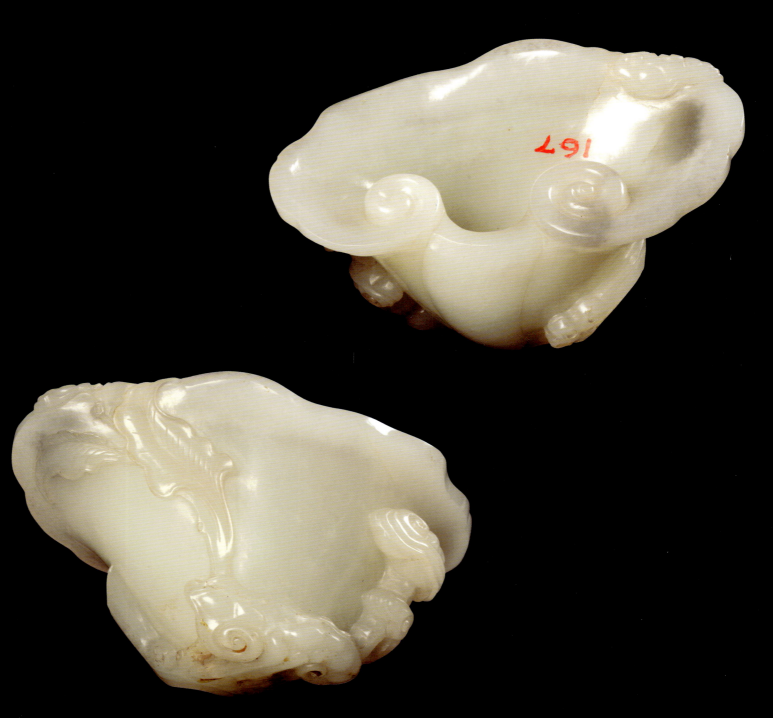

白玉渣斗

清道光（1821～1850 年）

直径 9 厘米　高 10.6 厘米

◆　白玉质。渣斗圆形撇口，束颈，鼓腹，圈足。底款"道光御用"。该器玉质莹润，通体光素无纹，胎体轻薄，线条流畅，抛光极好，工艺精湛。用于盛装唾吐物，如食物渣滓、茶渣等。

颐和园藏文物大系·玉器 I

文房用具

青玉交龙纽玺

清乾隆（1736～1795 年）
长 12.8 厘米　宽 12.8 厘米　高 10.7 厘米

◆　青玉质。青绿色中夹有斑点，玺纽以圆雕、浮雕、浅刻
等技法雕刻两条爬伏状龙，龙首方向相背，双脊同身，龙睛
圆睁，嘴微张，鬃须飘逸，神态威严。玺印呈正方形，光素
润洁，印面无铭文。整体端庄稳重，做工精细。

白玉苍龙教子洗

清乾隆（1736～1795 年）

直径 13.5 厘米　高 7 厘米

◆　白玉质。椭圆形口，深腹，内空可
贮水。腹外壁采用圆雕技法雕刻苍龙教
子纹饰，龙纹穿绕于卷云之间。该件玉
洗构思巧妙，整体布局和谐，造型规整，
玉质莹润细腻，线条流畅，雕工精巧，
美用结合。

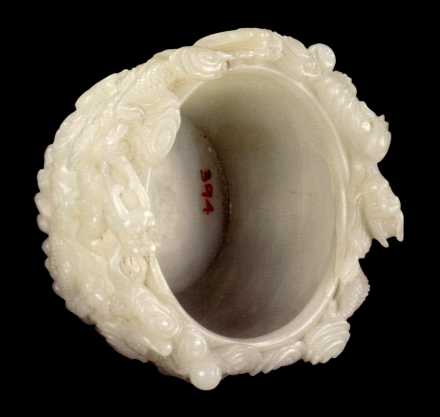

白玉瓜蝶笔洗

清乾隆（1736～1795 年）

长 10.5 厘米　宽 9.5 厘米　高 4 厘米

◆　白玉质，局部有黄皮色。该器呈瓜
形，椭圆形口，内挖素膛，似剖开之瓜。
外壁采用圆雕、浮雕技法，枝叶缠绕，
贴附瓜身，瓜蒂上雕琢一只蝴蝶。该洗
玉质莹润，雕工精细，构思巧妙，生动
形象，意趣盎然。"瓜蝶"纹意为"瓜
瓞绵绵"，出自《诗经·大雅·绵》："瓜
瓞绵绵，民之初生"，寓意子孙昌盛、
兴旺发达。

青玉雕松笔洗

清乾隆（1736～1795 年）

长 11.9 厘米　宽 8.4 厘米　高 7.1 厘米

◆ 青玉质。该器采用圆雕技法，整料雕琢，器身浮雕古松图案，其雕琢极为精巧，树干及松针雕琢纹丝不乱，极具章法，古意盈盈，妙不可言。

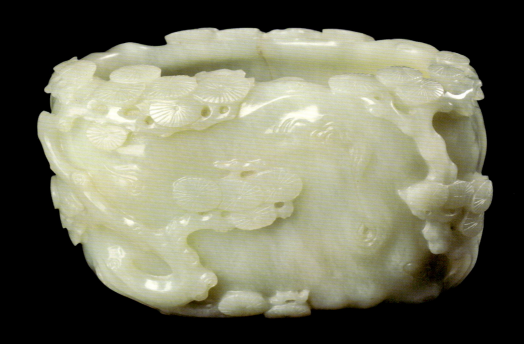

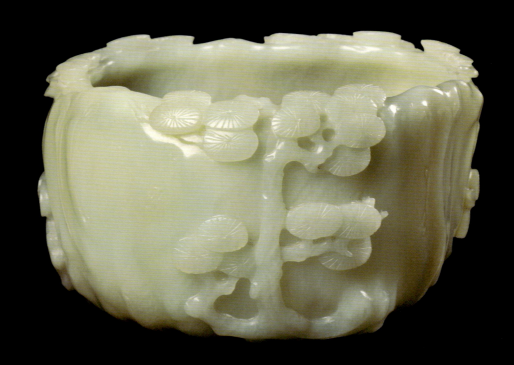

青玉倭角苍松方笔筒

清乾隆（1736～1795 年）

长 8 厘米　宽 6 厘米　高 13 厘米

◆　青玉质，有少许黄褐皮色。该器用整料雕出海棠口形笔筒，筒身随形浅浮雕遒劲苍松。构图清晰，设计巧妙，雕工精湛，抛光极好，器形规整而不失自然之趣，散发着浓郁的书卷气息。

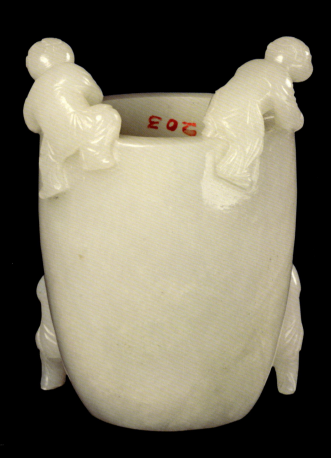

白玉婴戏笔筒

清乾隆（1736～1795 年）

长 8.4 厘米　宽 5.8 厘米　高 13.9 厘米

◆　白玉质。该器呈圆筒形，筒身圆雕
四个小童，或伏或立，神态、行动各异，
其中一童子手持荷莲，憨态可掬，自然
生动。该器玉质莹润，雕琢精细，抛光
极好。

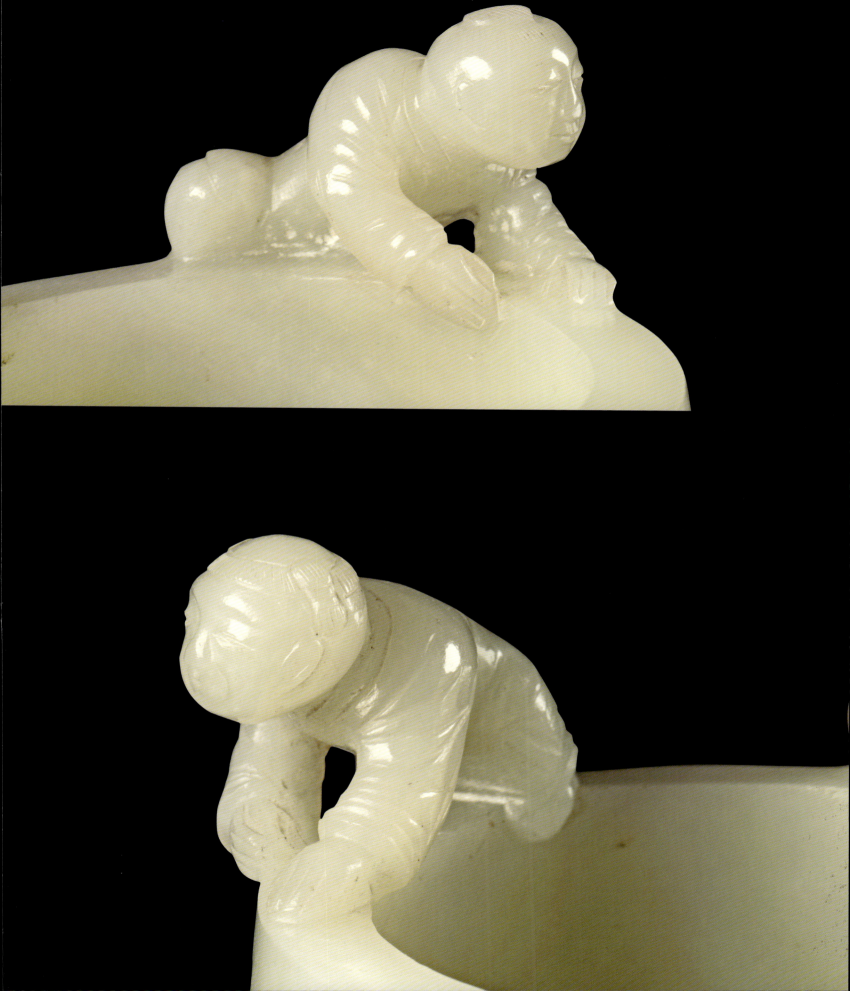

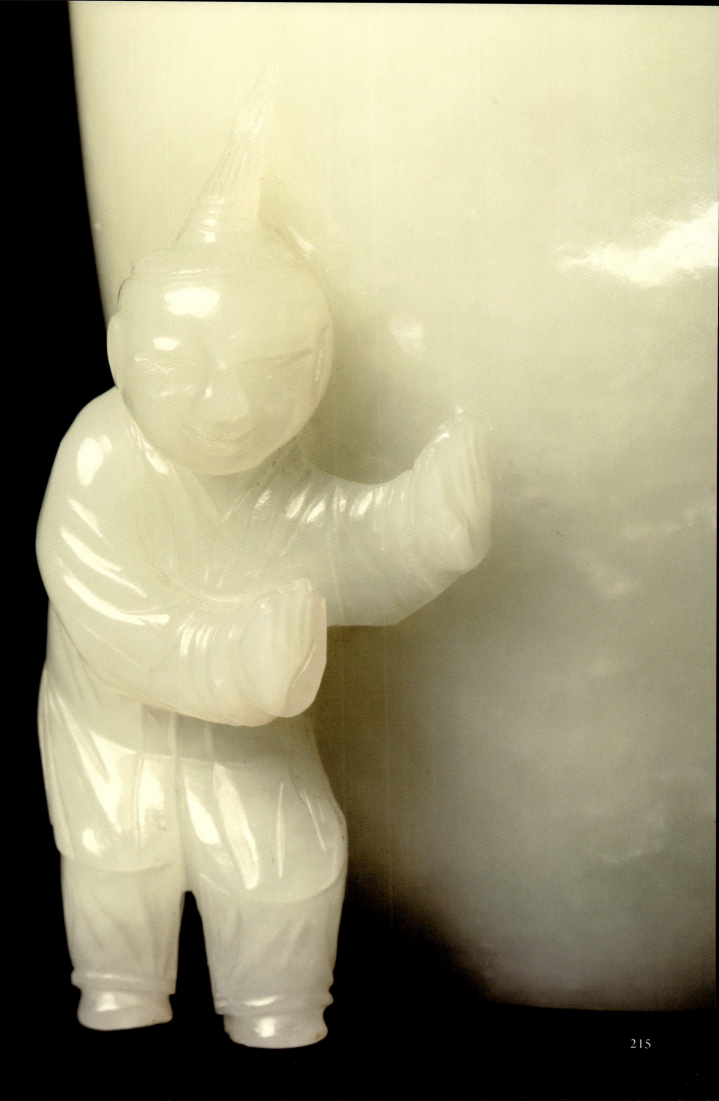

"乾隆御制"款白玉
福寿笔筒

清乾隆（1736～1795 年）

直径 10.7 厘米　高 14.1 厘米

◆　白玉质。该器呈圆筒形，口微撇，雕工精湛，抛光极好。筒身浮雕崖岸兀立、浪花翻滚，桃树或花满枝头，或硕果累累，蝙蝠翩飞，松、竹、梅、石掩映其间，形成一组吉祥纹饰，包含文人高洁、福寿等吉祥寓意。器底为宽边浅圈足，阴刻篆书"乾隆御制"款。

"晚香"款青玉兰竹图
诗文笔筒

清道光（1821～1850 年）

直径 14.3 厘米　高 14.4 厘米

◆　青玉质。玉呈青碧色，有黄褐色斑
点。该器呈圆柱形，外壁采用浅浮雕和
线刻技法表现竹、兰、山石等纹饰，图
案纹饰之后刻隶书"竹兰诗"一首。该
笔筒器形规整，体量硕大，雕工精简，
造型古朴，为文房之精品。竹、兰纹饰
古往今来为文人雅士所喜爱，用以表达
自己卓尔不凡的情趣，或作为自身品德
的警戒，包含正直、虚心、纯洁而有气
节的思想情感。

其澳清風琅軒斯

是切磋琢磨比德

君子襲襲蘭馨森

青玉荷花水丞

清（1644～1911 年）

长 13 厘米　宽 7 厘米　高 3.5 厘米

◆　青玉质。整料雕琢，底部巧妙雕刻
荷叶，器身雕双联荷花，芯部掏膛为水
丞。该器玉质温润，雕琢细腻精致，工
艺精湛，颇具自然雅趣。

水晶雕佛手水丞

清光绪（1875～1908 年）
长 10 厘米　宽 8 厘米　高 2.7 厘米

◆　水晶质。整料雕琢，水丞挖膛呈圆形，膛内光素。外壁雕饰佛手枝叶，枝叶错落有致，与器身巧妙相配，形意相随，整体造型生动，情趣盎然，别具一格。该器水晶通透无杂质，造型仿生，风格洗练。

"乾隆御制" 款白玉福寿圆盒（一对）

清乾隆（1736～1795年）
直径 9.1 厘米　高 3.2 厘米

◆　白玉质。该器呈圆形，成对，分为上盖与盒身两部分，
子母口上下扣合，盒口平整严密，盒身下收，宽边浅圈足。
盖顶雕琢五蝠捧团万寿纹，盖身雕饰蝙蝠纹，合口处盖、身
分别雕饰如意云头纹。主体纹饰寓意"万福万寿"。盒底阴
刻篆书"乾隆御制"款。

白玉螭虎璏形墨床

清乾隆（1736～1795年）

长 11 厘米　宽 2.7 厘米　高 2.5 厘米

◆　白玉质。呈长方形，仿汉剑璏状，两端向下卷。表面阳雕一螭虎，圆眼，大鼻，身体细长，尾部卷起，背面有镂空方形，腰带可从中穿过，旁边雕有兽头作为装饰。该器造型仿古，玉质洁白，雕工精细，为赏玩之器。

"乾隆年制" 款青玉
洞石摆件

清乾隆（1736～1795 年）
长 22 厘米　宽 5.5 厘米　高 9 厘米

◆　青玉质，带皮，玉质较差。整料雕琢，
以圆雕和透雕手法琢成横卧洞石形，表
现出太湖石"瘦、皱、漏、透"的审美
特征。底刻篆书"乾隆年制"款。该器
形象逼真，雕工精湛，颇具文人雅趣。

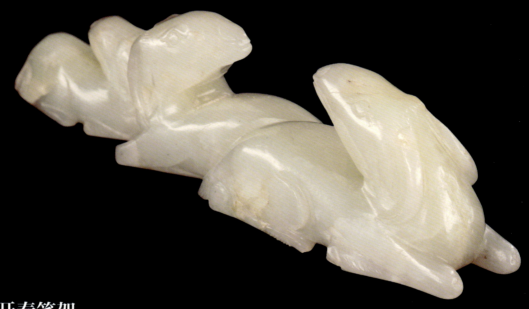

白玉三阳开泰笔架

清光绪（1875～1908 年）

长 13 厘米　宽 2.2 厘米　高 4 厘米

◆　白玉质。玉质莹润，随料形而雕，
整体采用圆雕技法。三只卧羊造型，曲
颈回首，神态安详自然，线条优美流畅，
雕工简洁、洗练，通身光素。"羊"与"阳"
谐音，三羊即三阳开泰，寓意吉祥亨通、
好运降临之意。